日本史史料研究会ブックス

▶ここまでわかった◀

戦国時代の天皇と公家衆たち

天皇制度は存亡の危機だったのか?

【新装版】

日本史史料研究会＝[監修]
Ninonshi shiryo kenkyukai

神田裕理＝[編]
Kanda Yuri

図書出版
文学通信

はじめに――時代に必要とされていた天皇と公家衆たち

影の薄い天皇と公家衆

「戦国時代の天皇と公家衆たち」と言っても、おそらく、本書を手に取られた方の多くは、彼らをマイナーな存在と見なしておられるだろう。

一般に「戦国時代」と言ってイメージされるのは、日本各地に割拠《かっきょ》する戦国大名たちの合戦の場面である。まさにそうしたシーンは、戦国乱世を象徴するものと言ってよい。このほか、「天下取り《てんかと》」や、下位の立場にある者が上位にある者を打ち倒し、権力を掌握していくという意味の「下剋上《げこくじょう》」という言葉も挙げられよう。このように、戦国時代イコール「武士の時代」と捉えられている。

もっとも、戦国時代に活躍していたのは、何も武士ばかりではない。天皇や公家（天皇の居所である清涼殿《せいりょうでん》への昇殿を許された五位以上の者）もこの時代を生きていた。

しかし、これまで戦国時代を「武士の時代」と捉えられてきたため、天皇や公家は影の薄い存在であったことも否めない。実際、中学校や高等学校で使われる日本史の教科書にも、戦国時代の天皇や公家衆はほとんど登場しないのが現状である。

これに対応してか、一般の歴史愛好家を読者対象とする戦国時代の入門書でも、天皇や公家衆がとりあげられることは、ごくわずかである。

そのため、多くの人が持つ戦国時代の天皇や公家のイメージは、政治的にはまったく無力な存在であり、経済的にも日頃の食事にも事欠くような困窮《こんきゅう》ぶりにもかかわらず、「伝統的権威」をふりかざすといった、多分にネガティブなものである。

このようなイメージが形成されてきたのには、戦国時代の天皇や公家衆に関する研究が低調だったことに原因がある。

太平洋戦争以前では皇国史観《こうこくしかん》（天皇中心の国家体制を正当化する歴史観）のもと、天皇を研究することと自体、憚《はばか》られる風潮があった。あるいは、研究すると言っても、天皇を崇拝し、その永続性を強調する傾向にあった。

敗戦後は皇国史観に対する反発から、ことさら天皇を研究対象とすることを避ける風潮が生じる。一方で、皇国史観の克服を目指し、天皇の存続理由を探る研究も行われはじめた。

一九七〇年代以降にいたり、とくに政治史の分野で、ようやく国家や社会の中での天皇の位置づけを問う研究もなされるようになったが、戦国時代の天皇は「たんなる金冠《きんかん》」、つまり

「お飾り」といった評価しか与えられなかった。

歴史の中の天皇の存在意義を改めて検討しはじめたのは、昭和天皇の崩御《ほうぎょ》（一九八九年、昭和六十四年〈平成元〉一月七日）が契機となった、一九九〇年代から二〇〇〇年代にかけてのことである。

近年、天皇や公家衆に関する研究成果は着実に積み重ねられてきているが、それでもなお、戦国時代の天皇や朝廷の実像は、いまだ十分に解明されたとは言いがたい。

そこで本書では、これまで必ずしもそのあり方が明らかにされず、「無力な存在」「風前の灯火《ともしび》」「お飾り」とのみイメージされてきた戦国時代の天皇や公家衆の実態を明らかにするため、さまざまな切り口からアプローチしてみた。

本書の構成

戦国時代の天皇や公家衆の実態を解明するために、本書では大まかに四本の柱を立て、その中に多種多様な十三のテーマを設定した。一般読者の方々を対象として、「現在の戦国期天皇・公家研究の到達点」をわかりやすく示すうえで、格好なテーマと執筆者を選んでみた。いずれのテーマも、最新の研究成果に基づいている。

各テーマに共通する特徴は、「人物」に迫り、「どういう人たちが生きていて、どんな活動をしていたのか」という点に注目して叙述を行っていることである。以下、各テーマの内容を簡単に紹介したい。

〈第1部　必死に天皇を守る公家衆たち〉では、本書の主人公である天皇とその周辺の人々にスポットを当て、その活動・関係性の実態を明らかにする。

1・渡邊大門「儀式や政務にこだわり時間を支配した天皇」では、天皇の政務のうち、天皇即位式、改元《かいげん》（元号の改定）、称号・尊号《そんごう》といった栄典《えいてん》の授与、綸旨《りんじ》（天皇の意向を伝える書状）の発給《はっきゅう》といった役割をとりあげ、天皇の活動状況を追っている。かかる役割は、当時の武家社会や寺院社会にとって秩序を維持する機能や名分《めいぶん》（根拠・立場）としての意義を有していた。

戦国時代の天皇は、確かに歴史の表舞台に立つことはなかったが、決して「無力な存在」ではなかった。当時の社会の中でも、意義ある存在と見なされていたのである。

2・水野智之「禁裏で天皇を警護する公家たち」では、戦国時代にいたっても天皇と公家衆とのあいだの君臣《くんしん》関係が維持されていたことを、さまざまなトピックから活写している。この時代でも、公家の「家」の家督相続者《かとくそうぞくしゃ》は誰か、を承認する行為は、天皇に求められていた。また、戦乱の世であっても、京都に残った公家たちは、天皇を「主君《しゅくん》」として奉仕《ほうし》しつづけている。彼らは、「禁裏小番《きんりこばん》」という宿直当番を編成し、日夜、天皇を警護していた。この「禁裏小番」は、次第に本来の職務を超えて、天皇の政治機能を支える役割も果たすようになっていった。

ほかにも天皇の周囲には、天皇と外部をつなぐ交渉役を務める公家（「伝奏《てんそう》」）も仕えている。「相続承認行為」「禁裏小番」「伝奏」のあり方から、この時代も天皇は公家衆に対する求心力を失っていなかったことがわかる。

3・神田裕理「公家の女性が支える天皇の血脈維持」では、天皇に仕える後宮《こうきゅう》女房《にょうぼう》に着目し、天皇との関係・女房たちの果たした役割・さまざまな活動状況を明らかにしている。戦国時代の天皇家は、「お内裏様《だいりさま》とおひな様」という夫婦の形態はとっておらず、実質的なキサキの立場にあったのは、天皇に仕える後宮女房たちであった。

しかし、彼女たちはたんに「天皇の子どもを生む存在」として位置づけられていたわけではなく、後宮内外においてさまざまな役割が課せられていた。その中には、「武家伝奏《ぶけてんそう》」と同様な役割もあるなど、後宮女房には政治的な役割をも期待されていたのである。

4・生駒哲郎「世俗権力に左右される門跡寺院」では、これまでたんに「格の高い寺院」としかイメージされてこなかった、門跡寺院《もんぜきじいん》の世界について活写している。

門跡寺院とは、天皇の皇子たちや摂関家《せっかんけ》の子どもたちが入る特別な寺院を指す。門跡寺院に入った天皇の子ども、すなわち法親王《ほっしんのう》は、天皇の分身として仏教の頂点に位置づけられる。それゆえ、彼らに課せられた役割は、「鎮護《ちんご》国家《こっか》」（国家の守護・安泰）のための祈禱《きとう》であった。

一方で、中世以降、天皇が保持していた権威、権力、権限などが、摂関家や武家などに分散（移行）されれば、それに即応するかたちで、門跡寺院にも摂関家や武家の子弟が入り、寺のトップとなった。このように、当時の門跡寺院は、仏教界に閉じこもっているのではなく、世俗の権力とも密接な関係を保っていたのである。

〈第2部　家門・一族の存続をはかる公家たちの知恵〉では、本書のもう一人の主人公である公家衆の生きざまにスポットを当てた。

5・菅原正子「公家の生活基盤を支えていたものは何か」では、戦国時代、公家たちはどのようにして日常生活を営んでいたのか、その経済的基盤についても明らかにしている。その具体例として、まず、武士の押領《おうりょう》などにより減少していく家領《けりょう》の荘園《しょうえん》を、公家たちはどのように経営し維持しようとしていったかを、中流公家の山科《やましな》家や摂家《せっけ》の九条《くじょう》家をモデルに検討している。

ほかに、生活基盤を支えるものとしては、商人らへの課税による収入も挙げられる。さらに、「家」に伝わる学問・技能を提供することによって収入を得ることもあった。このように、当時の公家たちは、さまざまな経済的基盤を駆使して生活を営んでいたことが解明される。

6・後藤みち子「武家も重宝した公家の「家業」とは？」では、装束《しょうぞく》を「家業《かぎょう》」とした山科家、和歌《わか》を「家業」とした三条西《さんじょうにし》家、それぞれの「家業」の習得・伝授のありようを検討している。

彼らは公家文化である「家業」を守り伝授していくことで、朝廷・天皇を支える役割を果たしていった。のちの江戸期にいたると、「家業」は江戸幕府により公家の特権として公認・保護されるようになるが、その背景には、戦国時代を通して「家業」を守ってきた彼らのはたらきがあったのである。

〈第3部　武家とともに時代を動かした天皇・公家〉では、当時、現実の国家支配の大部分を握っている武家（室町幕府・織田信長・豊臣秀吉・徳川家康）と、天皇・公家衆との関係にスポットを当て、公武《こうぶ》間の交流の様相を明らかにする。

7・木下昌規「将軍家と天皇家の二つの主人をもつ公家衆がいた」では、室町幕府＝足利《あしかが》将軍家と密接な関係を持った公家衆について明らかにしている。

一般に、公家の「主人」は天皇と考えられがちであるが、足利将軍家にも奉公し、将軍権力を支える側近公家集団（昵近衆《じっきんしゅう》）も存在する。彼らの活動は室町時代中期から確認でき、最後の将軍足利義昭《よしあき》の時期まで継続した。このほか、将軍家と近い関係を持つ公家には、婚姻を通じて将軍の縁戚《えんせき》となった中流公家の日野《ひの》家と、摂家のトップの近衛《このえ》家が挙げられる。

将軍家は日野と近衛の両家を介して、朝廷との関係強化を図るなど、朝廷―幕府間の交流の核として公家を活用していた。

8・遠藤珠紀「朝廷官位を利用しなかった信長、利用した秀吉」では、信長・秀吉と朝廷との関係について、とくに「官位《かんい》・姓《せい》」の問題に視点を当て、これまであまり注目されてこなかった史料を用いて検討している。

信長と朝廷との関係は、いわゆる「本能寺《ほんのうじ》の変の黒幕説」まであるように、これまでは対立的に捉えられることが多かった。しかし、本稿によって、信長は朝廷内部の運営には積極的に介入することはなかったが、両者の関係は良好だったことが解明された。逆に秀吉は、朝廷官職《かんしょく》も学び、朝廷の制度を自らの支配に利用している。二人の天下人《てんかびと》は、それぞれ異なる方法で朝廷と接していたのである。

9・久保貴子「豊臣時代からじょじょに朝廷に食い込む家康」では、江戸幕府初代将軍となった家康が、すでに豊臣政権下の時代から天皇との接触の機会を得ていたことを明らかにした。豊臣政権期の家康―天皇間の関係は、主に家康の官位叙任を通してのものであった。

だが秀吉没後には、家康が後陽成《ごようぜい》天皇の譲位《じょうい》問題にも意見を述べるようになるなど、家康の存在が次第に大きくなっていく。将軍任官を経たのち家康は、かつて足利将軍家の昵近衆であった者の子孫らと接することを通して、朝廷・公家社会に食い込んでいった。

〈第4部「戦国領主」化した貴族たちの戦い〉では、京都を離れ、日本各地に土着化していった公家たちの足跡をたどる。

10・中脇聖「摂関家の当主自らが土佐国に下向する」では、家領のある土佐《とさ》（高知県）に下向《げこう》した摂家の一条《いちじょう》氏、同じく伊予《いよ》（愛媛県）に下向した清華家《せいがけ》（摂家に次ぐ家格《かかく》）の西園寺《さいおんじ》氏を対比させ、そのありようを解明している。

一条氏が土佐で武家的な軍事行動をしつつも、朝廷との関係も維持しつづけるなど、その実態が「公家」であったのに対し、西園寺氏は地域支配を強化していくにつれ、「地域権力」として根づいていったさまを、対比的に描き出している。

11・谷口研語「中流公家が国司《こくし》となって飛騨に土着したが……」では、飛騨《ひだ》（岐阜県）を舞台に、同国の国司（朝廷が派遣した地方行政官）を世襲《せしゅう》した中流公家の姉小路《あねがこうじ》氏、守護《しゅご》（幕府が派遣した軍事指揮官・行政官）を世襲した佐々木《ささき》京極《きょうごく》氏、そして国人《こくじん》（地元の武士団）たちが覇権《はけん》をめぐって抗争を展開し、飛騨を統一していった過程を描いている。

十四世紀の南北朝期に始まる飛騨国司家の姉小路氏の歴史は、戦国時代を経たのち、豊臣政権下の天正十三年（一五八五）にいたって幕を閉じる。

12・大薮海「幕府から武力を期待された公家衆」では、南朝《なんちょう》（奈良吉野《ならよしの》の朝廷）から伊勢国《いせ》司に任命され、南伊勢（三重県南部）を治めた北畠《きたばたけ》氏の歴代当主たちの生きざまを明らかにしている。

北畠氏は室町幕府から伊勢守護に任じられ、また数度にわたる軍事要請を受けるなど、幕府との関係は緊密であった。対して、廷臣《ていしん》としての務めは果たすことはなく、朝廷との関係は薄い。北畠氏歴代当主の生きざまは、公家出身ではあっても、「武士」としての性格が色濃く表れているのである。

13・赤坂恒明「最北の地に栄えた〝南朝北畠系〟の堂上公家」では、戦国時代の東北、中でも津軽《つがる》地方で一定の勢力を張った浪岡《なみおか》氏のありようを紹介する。

北畠氏の後裔《こうえい》とされる浪岡氏は、現地の旧南朝を支持する勢力に迎えられた結果、室町時代には、奥羽《おうう》から蝦夷《えぞ》地《ち》におよぶ地域に君臨し、その統合の象徴として位置づけられていた。同じ北畠氏でも、「武力」が期待されていた伊勢北畠氏との違いが、明確に表れていると言えよう。

本書の特徴

以上、十三のテーマを通観すると、戦国時代にいたっても天皇・朝廷は、たんなる「お飾り」ではなく、政治的な役割を果たしており、一定の影響力を有していたことがわかる。

また、公家衆も天皇に仕えるのはもとより、足利将軍家に出仕《しゅっし》する者、あるいは地方に土着していく者まで現れた。

このように、戦国時代を生きた公家衆は、廷臣としての役割、文化の面での活躍、軍事面での活動と、多様性のある存在感を示していた。彼らは、決して「無力な存在」ではなかったのである。

本書の構成は、十三のテーマそれぞれがワン・テーマの読み切りとなっているので、最初からお読みいただいてもよいし、興味あるテーマからお読みいただいてもかまわない。

これまで漠然《ばくぜん》と思い描いていた戦国時代の天皇や公家のイメージは、一掃《いっそう》されることであろう。

最後に、本書の特徴として特記したいのは、編者をはじめ執筆陣に女性研究者が比較的多いことである。一般読者を対象とする歴史入門書では、あまり類を見ないのではないだろうか。読者の方々には、女性研究者たちの日頃の研鑽《けんさん》と活躍ぶりを、ぜひ感じていただければ幸いである。また、男性研究者によるものも力作が揃《そろ》った。

なお、戦国時代の天皇と公家衆の歴史を理解・叙述するには、十四世紀の南北朝期から記述を始めることが重要な場合もあり、テーマのいくつかがそうした手法を使っていることをご了解願いたい。

また本書では、最新の研究成果を一般読者にわかりやすく伝えるために、史料は可能な限り意訳し、難解な用語にはふりがなや説明を施している。加えて、本書は一般啓蒙書《けいもうしょ》であるため、読みやすさを重視し、学術論文のように逐一注記を施していない。

あまたの先行研究に敬意を表するとともに、ご海容をお願い申し上げる次第である。本書を読まれて、関心を持たれた読者には、ぜひ各章末の主要参考文献のご一読をお勧めする。

二〇一五年十月二十一日

本書編者・日本史史料研究会研究員　神田裕理

【ここまでわかった】戦国時代の天皇と公家衆たち＊目次

はじめに——時代に必要とされていた天皇と公家衆たち　3

【第1部】必死に天皇を守る公家衆たち

1　儀式や政務にこだわり時間を支配した天皇……渡邊大門　24
【即位式・改元・大嘗祭】

2　禁裏で天皇を警護する公家たち……水野智之　41
【家門の維持・幕府との分担】

3　公家の女性が支える天皇の血脈維持……神田裕理　60
【後宮女房の役割】

4　世俗権力に左右される門跡寺院……生駒哲郎　84
【門主は天皇家・公家・武家の子弟】

【第2部】家門・一族の存続をはかる公家たちの知恵

5 公家の生活基盤を支えていたものは何か【荘園経営と公家の家僕】……菅原正子 106

6 武家も重宝した公家の「家業」とは？【装束の家・和歌の家】……後藤みち子 124

【第3部】武家とともに時代を動かした天皇・公家

7 将軍家と天皇家の二つの主人をもつ公家衆がいた【室町幕府と公家衆の関係】……木下昌規 144

8 朝廷官位を利用しなかった信長、利用した秀吉【天下人の政治支配】……遠藤珠紀 162

9 豊臣時代からじょじょに朝廷に食い込む家康【近世朝廷・公家再生への道】……久保貴子 185

【第4部】「戦国領主」化した貴族たちの戦い

10 摂関家の当主自らが土佐国に下向する【土佐一条氏】……中脇 聖 206
11 中流公家が国司となって飛驒に土着したが……【飛驒姉小路氏】……谷口研語 223
12 幕府から武力を期待された公家衆【伊勢北畠氏】……大薮 海 242
13 最北の地に栄えた〝南朝北畠系〟の堂上公家【奥州浪岡氏】……赤坂恒明 260

あとがき　281
新装版あとがき　282
執筆者紹介　283
編者紹介　285
日本史史料研究会の案内　286

図版作成・中山デザイン事務所

【天皇家略系図】

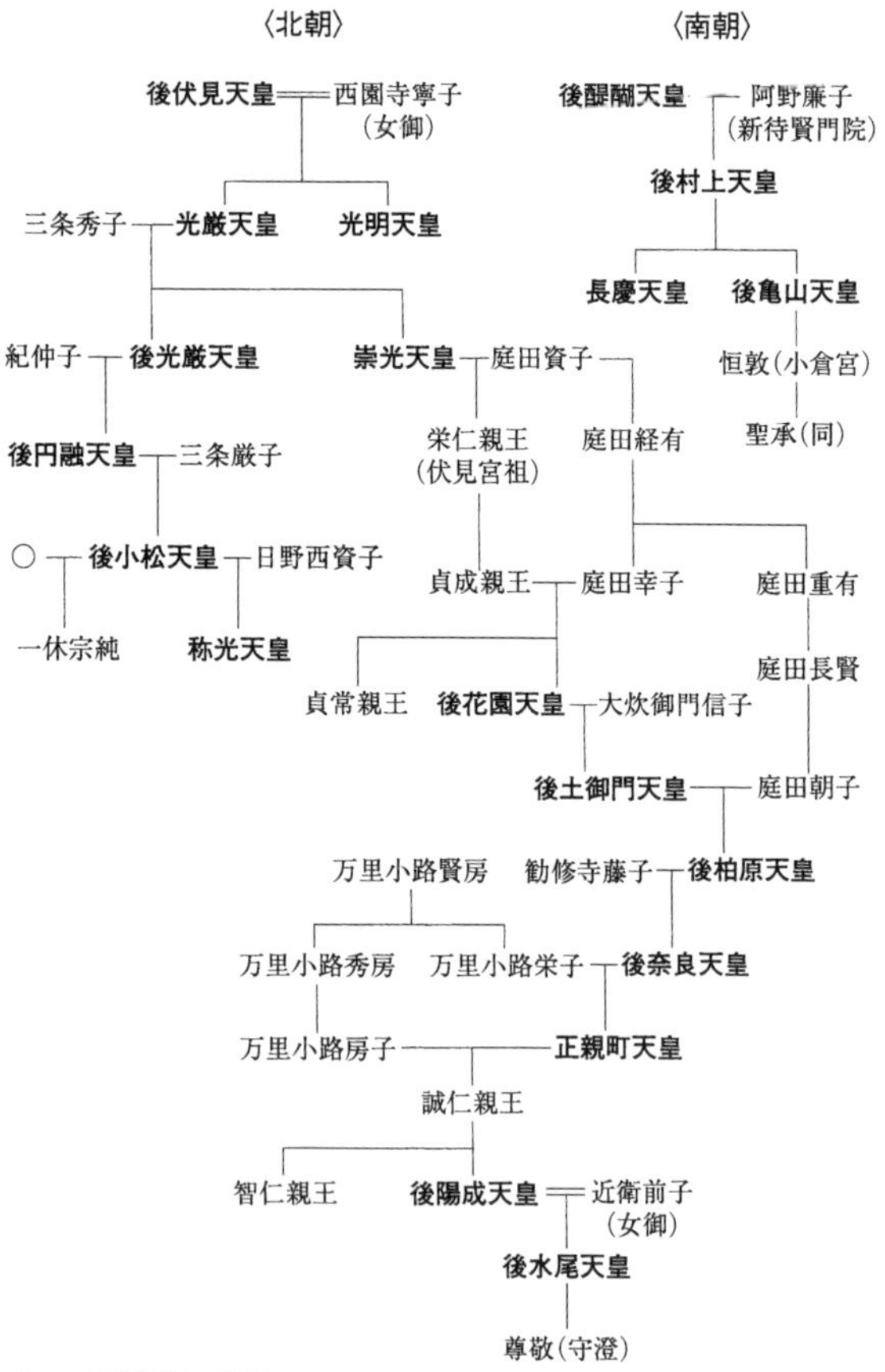
〈北朝〉
〈南朝〉
後伏見天皇
西園寺寧子
（女御）
三条秀子
光厳天皇
光明天皇
紀仲子
後光厳天皇
崇光天皇
庭田資子
後円融天皇
三条厳子
栄仁親王
（伏見宮祖）
庭田経有
○
後小松天皇
日野西資子
一休宗純
称光天皇
貞成親王
庭田幸子
庭田重有
貞常親王
後花園天皇
大炊御門信子
庭田長賢
後土御門天皇
庭田朝子
後醍醐天皇
阿野廉子
（新待賢門院）
後村上天皇
長慶天皇
後亀山天皇
恒敦（小倉宮）
聖承（同）
万里小路賢房
勧修寺藤子
後柏原天皇
万里小路秀房
万里小路栄子
後奈良天皇
万里小路房子
正親町天皇
誠仁親王
智仁親王
後陽成天皇
近衛前子
（女御）
後水尾天皇
尊敬（守澄）

（＝は婚姻関係を示す）

【足利氏（室町幕府将軍家）家系図】

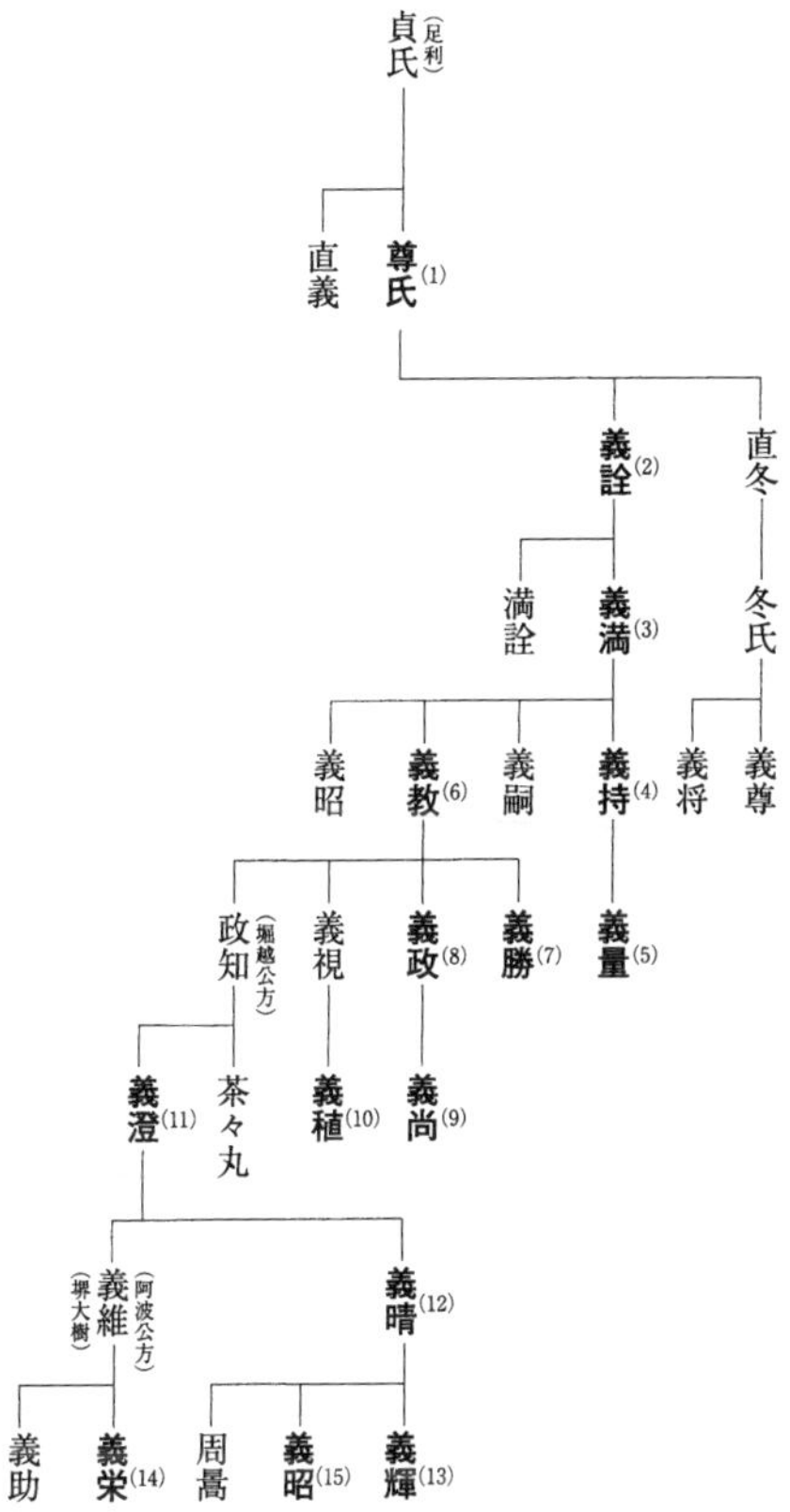

＊（　）内の数字は室町幕府の将軍歴代数を示す

戦国～織豊期、堂上公家の家格と官職相当表

＊堂上公家…位階では五位以上に列し、禁裏御所（天皇の住居）の清涼殿（天皇の日常的な生活空間）南廂にある殿上間に昇殿する資格を世襲した公家の「家」。
＊堂上公家は、家の家格の上下によって区分され、昇進できる官職も決まる。
＊おおよそ、摂家～大臣クラスが上流、羽林家・名家クラスがほぼ同等で中流、半家クラスが下流と、見なしえる。

家格（高い順）	該当する主な「家」	昇進できる官職
摂家【せっけ】	近衛・九条・二条・一条・鷹司	摂政・関白となる「家」。
清華家【せいがけ】	久我・今出川（菊亭）・三条（転法輪三条）・西園寺・徳大寺・花山院・大炊御門など	左大臣・右大臣・近衛大将を兼ねて、太政大臣まで進む「家」。
大臣家【だいじんけ】	正親町三条・三条西・中院	大納言になる「家」であるが、大臣の欠けたのを待って、ただちに内大臣に昇る「家」。近衛大将は兼ねない。
羽林家【うりんけ】	山科・四条・持明院・中山・冷泉・正親町・四辻・滋野井・庭田・飛鳥井など	近衛少将・中将を経て、中納言・大納言に昇る「家」。
名家【めいか】	日野・広橋・柳原・烏丸・勧修寺・万里小路・葉室・中御門・西洞院など	弁官・蔵人を経て中納言・大納言に昇る「家」。
半家【はんけ】	五辻・白川・高倉・高辻・竹内・五条・東坊城・土御門など	少将・中将・弁官を経由しないで、参議・納言に進む「家」。

【参考文献】

「百官和秘抄」（『続群書類従』第十輯、官職部）、「三内口決」（『群書類従』第二十七輯、雑部）、和田英松『新訂　官職要解』（講談社学術文庫、1992年）など。

【第1部】必死に天皇を守る公家衆たち

1　儀式や政務にこだわり時間を支配した天皇

【即位式・改元・大嘗祭】

渡邊大門

多岐にわたる天皇の業務

戦国期の天皇の活躍ぶりについては、古代・中世前期などと比較するとほとんど語られることがない。たとえば、武士が台頭した鎌倉時代以降では、承久《じょうきゅう》の乱《らん》で鎌倉幕府に果敢に挑んだ後鳥羽《ごとば》上皇、あるいは鎌倉幕府を打倒して建武《けんむ》政権を樹立した後醍醐《ごだいご》天皇が非常に有名である。戦いがすべてでないとしても、二人の天皇は日本史の教科書でも取り上げられるほど有名である。

一般的に戦国期の天皇は無力な存在であり、財政的にも厳しいがゆえに、何もなしえなかったような印象を受ける。日本史の教科書に登場することも少なく、目立った活躍をした印象が薄い。戦国期の天皇は歴史の表舞台に立つことはなかったかもしれないが、決して何もしなかったわけではない。

天皇の職務は、実に多岐にわたる。朝廷での諸儀式はもちろんのこと、改元《かいげん》などは天皇の専権事項の一つであった。ただ戦国期に至ると、度重なる戦乱と公家衆の疎開そして財政難により、必ずしもそれらが円滑に進んだわけではない。

そこで、本稿では朝廷での儀式や政務運営の一端を垣間見ることにより、戦国期における天皇の役割を確認することにしたい。なお、各儀式の内容や流れなどを詳しく説明すると無味乾燥になりがちであるので、さまざまなユニークなエピソードを交えながら、解説を行うこととしたい。

即位式の実際

天皇は践祚《せんそ》（天皇位の継承）で三種神器《さんしゅのじんぎ》（天皇の位のしるし。八咫鏡《やたのかがみ》・八坂瓊曲玉《やさかにのまがたま》・草薙剣《くさなぎのつるぎ》）の伝授を受け、その位に就くことになるが、実際には即位式を行い、皇位継承を天下に知らせる必要があった。ところが、戦国期に至ると、財政事情などの問題もあり、即位式を執り行うことが困難になった。その点に関しては、後柏原《ごかしわばら》天皇（一四六四〜一五二六）の例を通して確認することにしよう（二〇頁の系図参照）。

後土御門《ごつちみかど》天皇（一四四二〜一五〇〇）の崩御《ほうぎょ》後、後柏原の践祚が行われたのは明応《めいおう》九年（一五〇〇）十月のことであった。翌文亀《ぶんき》元年（一五〇一）三月、朝廷は室町幕府に依頼し、即位式の費用として五十万疋《ひき》を用意させようとした（『実隆公記《さねたかこうき》』）。この額は、現在の貨幣価値に換算して約五億円という大金である。

この依頼は、「女房奉書《にょうぼうほうしょ》」（天皇の意を奉じて側近の女房が書く文書）によって第十一代将軍の足利義澄《あしかがよしずみ》と室町幕府の政所《まんどころ》執事《しつじ》の伊勢《いせ》貞陸《さだみち》に伝えられたものの、この時点で集まったのは、但馬国《たじまのくに》からの三千疋（約三百万円）に過ぎなかった（『実隆公記』）。三条西《さんじょうにし》実隆が「あまりに少なすぎて残念だ」と記しているとおり、式を行うには十分な額ではなく、即位式の挙行は極めて難しい状況にあった。

室町幕府が即位式の費用を捻出《ねんしゅつ》すべく、諸国に課したのは「国役《くにやく》」であった（『元長卿記《もとながきょうき》』）。国役とは、平安後期から南北朝期にかけて、朝廷および国衙《こくが》が各国内に賦課《ふか》した恒例・臨時の課役《かえき》のことである。室町期以降、国役は室町幕府が守護あるいは守護を介して各国に課した課役、および守護がみずからの用途のため国内に課した課役へと形を変えた。しかし、国役は「有名無実」であり、徴収の困難は予測されていた（『元長卿記』）。

財政難と人材不足

室町幕府が各国守護に「大奉幣米段銭《だいほうへいまいたんせん》」（山陵《さんりょう》や神社に幣帛《へいはく》〈神前への供え物〉を奉《たてまつ》るための

税）と「即位要脚《ようきゃく》段銭」（即位に必要な費用を賄う税）の徴収を命じたことは、即位惣奉行《そうぶぎょう》の摂津《せっつ》政親《まさちか》の奉書に書き残されている（『雑々日記《ざつざつにっき》』）。

文亀元年（一五〇一）閏《うるう》六月、七月の段階においては、越前国朝倉《えちぜんのくにあさくら》氏、美濃国土岐《みののくにとき》氏、河《かわ》内国畠山《ちのくにはたけやま》氏、伯耆《ほうき》・因幡国山名《いなばのくにやまな》氏、播磨国赤松《はりまのくにあかまつ》氏に段銭の徴収が命じられたことが判明する。また、室町幕府を支えていた、細川政元《ほそかわまさもと》の領国である摂津・丹波《たんば》にも段銭徴収が命じられた。史料の残存度を考慮する必要があるが、即位費用の徴収対象は、畿内《きない》（山城《やましろ》・大和《やまと》・河内《かわち》・和泉《いずみ》・摂津《せっつ》）およびその周辺が中心だったようである。

一方、応仁《おうにん》・文明《ぶんめい》の乱《らん》（一四六七～七七年）以降、太政官庁《だいじょうかんちょう》も焼失しており、再建が困難な状態に陥っていた。そうした事情があったため、紫宸殿《ししんでん》で即位式を執り行おうと考えたが（『和長卿記《かずながきょうき》』）、費用の問題があり容易でなかったのは言うまでもない。しかし、問題は費用だけにとどまらず、即位式の場所にも波及していたのである。

戦乱で多くの公家が都から離れたため、即位式を行うための人材も払底《ふってい》していた。現実問題として、即位式を挙行するには多くの準備が必要であり、先例に熟知した人材も必要である。当時、即位式を挙行するには、人的にも、物的にも、時間的にも多大な不足があったといえよう。

文亀元年（一五〇一）の年末に至っても、幕府が各国守護に要請した国役は一向に収められる気配がなく、先述の但馬のほかに、丹後《たんご》、越後《えちご》、越前から送られるにとどまった（『雑々日記』）。こうした慢性的な財政難によって、後柏原の念願の即位式は断念せざるを得なくなったのである。実際に即位式が行われたのは、大永《たいえい》元年（一五二一）三月のことで（『二水《にすい》記《き》』など）、後柏原が践祚してから二十一年もの歳月が流れていた。

朝儀の執行

「朝儀《ちょうぎ》」とは、多種多様な朝廷の儀式を意味する。戦国期においては朝儀が滞り、たびたび天皇が不満を漏らした。

応仁・文明の乱が勃発《ぼっぱつ》した翌年の応仁二年（一四六八）一月一日、後花園《ごはなぞの》上皇（一四一九～七二）と子の後土御門は、本来行うべき儀式である「四方拝《しほうはい》」以下の諸行事を中止した。「四方拝」とは、毎年一月一日に行われる宮廷行事の一つである。元日の寅《とら》の刻（午前四時頃）、天皇が束帯《そくたい》を着して清涼殿《せいりょうでん》の東庭《とうてい》へ出御《しゅつぎょ》し、属星《ぞくしょう》、天地四方、父母の山陵を拝して天災を祓《はら》い、五穀豊穣《ごこくほうじょう》、宝祚長久《ほうそちょうきゅう》（天皇家が長く続くこと）、天下泰平を祈願するものである。

公家や庶民らも四方拝にならって、元日の朝に四方を拝することにより、五穀豊穣、無事《ぶじ》息災《そくさい》を祈った。四方拝は基本的な儀式の一つである。むろん、元日に執り行われる行事は、これだけではなく「節会《せちえ》」がある。節会は天皇自身が主催して、公家も出席する重要な宴席の場である。

どのような理由があって、四方拝は中止されたのであろうか。応仁・文明の乱が勃発すると、後花園と後土御門の二人は御所を脱出し、難を避けるべく室町邸（足利将軍の邸宅）に仮住まいをしていた。応仁二年（一四六八）一月一日、禁裏には土岐成頼《しげより》が着陣しており、仙洞《せんとう》御所《ごしょ》には畠山義就《よしひろ》が陣を敷いていたことがわかる（『後法興院記《ごほうこういんき》』など）。後花園と後土御門の二人は、乱の勃発によって御所に戻れるような状況になかった。

御所以外の場所で、朝儀が行われることはない。そこには「先例」という厚い壁が立ちはだかったのである。また、朝廷財政が非常に厳しいという事情も拍車をかけ、朝儀を行う肝心の公家たちも乱を避けて疎開していた。このような状況では、朝儀を執り行うことは、実質的に不可能だったといわざるを得ない。

後柏原の執念

こうした事態は、文明《ぶんめい》七年（一四七五）に室町邸内の行宮《あんぐう》（一時的な宮殿）で四方拝が再開されるまで継続したのである。そうなると、ほかの朝儀についても推して知るべしで、天皇のフラストレーションは溜《た》まる一方であった。この厳しい状況下で、朝儀再興に執念を燃やしたのが後柏原である。

後柏原は践祚した翌年の文亀元年（一五〇一）一月こそ、四方拝、節会を催したが（『公藤《きんふじ》公記《こうき》』など）、以降は財政的な事情から節会のみは開催ができなかった。次に節会が再開されたのは、六年後の永正《えいしょう》四年（一五〇七）のことである。開催できた理由は、将軍足利義稙《よしたね》からの奏聞《そうもん》があり、資金援助が得られたからである。

ただ、後柏原は即位式を執り行っていなかったという理由により、節会に出御《しゅつぎょ》することができなかった。やはり先例という厚い壁があったのだ。先述のとおり後柏原が即位したのは、大永元年（一五二一）三月のことである。

ところが、せっかく復活した節会も、永正十六年（一五一九）以降は再び中止に追い込まれている。いずれにしても、武家方の援助に頼らざるを得ず、朝廷は絶えず財政問題に悩まされていたことがうかがえる。

改元の仕組み

現在では、天皇一代につき年号を一つだけ用いる、「一世一元の制」が採用されている。この制度は、明治元年（一八六八）九月八日の改元の詔《みことのり》で定められ、これまで大正、昭和、平成と続いている。なお、日本国憲法に基づき制定された「新皇室典範《てんぱん》」には、年号に関する規定がなく、昭和五十四年（一九七九）に「元号法」が制定され、新天皇の践祚があったときに限り内閣が定めると規定された。

前近代では、基本的に代始め（天皇の交代）などを契機に改元が行われたが、理由によっては一代の天皇のもとで何度も改元が行われた。改元する理由は、天変地異、疫疾《しつえき》、兵乱などの厄災《やくさい》を避けるためである。特に戦国時代は、「兵革《へいかく》」つまり戦乱を鎮めたいとの理由が多い。また、「辛酉《しんゆう》」の年も改元が行われた（辛酉革命）。

辛酉革命とは、中国で生まれた讖緯説《しんいせつ》（古代中国の予言説の一つ）に基づいており、干支《えと》が辛酉《かのととり》の年に大変革が起こるという思想である。六十年に一度の辛酉の年は、天命が革《あらた》まって王朝が交代する危険な運にあたる年のため、その難を避けるために改元する習慣が起こった。日本での革命改元は延喜《えんぎ》元年（九〇一）を初例とし、一時的な中断を経て、文久《ぶんきゅう》元年（一八六一）まで行われた。

戦国時代に至ると、兵乱という当時の混乱した政情もあり、必ずしも改元の手続きが円滑に進まないこともあった。

改元の手続き

まず、当時の一般的な改元の手続きを見ておこう。最初に複数の年号勘者《ねんごうかんじゃ》を定め、幾通りかの新年号案を各人から提出させる。次に公卿《くぎょう》の難陳《なんちん》（審議）を経て天皇が決定し、詔書をもって公布される。室町・戦国期には、年号の制定に際して幕府との調整が必要であった。

ここでは、改元が円滑に進まなかった例として、「応仁」から「文明」への改元を確認してみたい。

応仁三年（一四六九）四月二十八日、「兵革」という理由により、年号が「文明」に変わった。二年前に勃発した応仁・文明の乱は終わる気配がなく、後土御門は兵乱を鎮めるべく改元を決意したからだ。しかし、改元に際しては多くの問題が発生し、手続きは混乱を極めた。以下、『糟粕記《そうはくき》』（下級公家の小槻《おづき》家に伝わる記録）などの史料を用いて、改元の混乱ぶりを見ることにしよう。

改元に際しては、年号勘者を決める必要があることはすでにふれたが、多くの公家衆が自領のある地方に下向《げこう》しており、人材不足のため議定《ぎじょう》（合議して決めること）がままならなかった。そのような事情から、改元を担当した公卿の町広光《まちひろみつ》は窮地に陥っていたが、改元にかかわる先例を調べ尽くした広光には、「裏ワザ」というべき手段があった。

広光は「仗議《じょうぎ》」（内裏で公卿が政務について議すること）を取りやめて、博士の連署による勘文《かんもん》（朝廷などの諮問に答え、先例を調べて上申した意見書）のみで改元を行うという方法を提案したのだ。この省略化した方法なら、改元は円滑に進む。

広光は、奈良時代の「天平宝字《てんぴょうほうじ》」に先例があることを調査済みであった。当時の公家は、先例に基づく正しい手続きを非常に重視していたが、非常手段ともいえる先例を持ち出してまで簡素化を進めようとしており、当時の改元の困難さを物語っている。

提示された疑問

後土御門は広光の提案に半信半疑であったため、学識の高さで知られる一条兼良《いちじょうかねよし》に対して、実際に可能であるのかを勅問した。兼良の回答は、「この状況で仗議を行いがたいことは理解できるが、公卿の審議を経ないと詔書を作成できない。詔書がなければ、改元ができない」という極めて明解なものであった。

兼良の正しい手続きにより改元を行うべきという指摘は受け入れられ、年号勘者や改元伝奏《てんそう》が決定された。町広光の略式の改元手続きは拒否されたのである。

ところが、皇居以外のところで政務を行うことに差し支えはないかという、別の問題が発生した。当時、後土御門が避難していた室町邸は仮住まいであり、政務を執る場所ではなかった。仮住まいである室町邸で改元作業を行うことに問題がないのか、疑問が提示されたのである。

このとき官務家《かんむけ》の小槻長興《ながおき》は、貞治《じょうじ》元年（一三六二）の例を探し出して報告したが、これで事態が収拾したわけではなかった。

この件について兼良は、「この混乱の最中にあって、皇居以外のところで政務を行うことは問題ない。それよりも官人が出仕しないことには話にならないではないか」と意見を述べた。兼良は先例よりも目の前の現実を直視し、官人が出仕することなく、政務が滞っていることを問題視したのである。

しかし、問題はそれだけで終わらなかった。戦乱により天皇（後土御門）と上皇（後花園）は室町邸に住んでいたが、過去に先例があったかどうか疑問が生じた。平時において、天皇と上皇の住まいは別々になっていた。

長興は先例を見出せず、「特に問題がないのではないか」と回答した。さらに、舟橋宗賢《ふなばしむねかた》が弘安《こうあん》六年（一二八三）の先例を見つけ出し、「問題ない」と答申した。最終的な結論は、「先例があれば、問題ないであろう」ということになった。

「応仁」から「文明」への改元は特殊な例かもしれないが、戦乱や天皇の後土御門が仮住まいしているという状態が災いし、先例との関係で多くの障害が生じた。ただ、こうした問題を抜きにしては、簡単に改元はできなかったのである。

尊号の授与

次に、僧侶への称号・尊号の授与例を見ることにしよう。寺院関係者に対しては、死後、天皇から国師号、禅師《ぜんじ》号、大師号、上人号、香衣《こうえ》（薄赤に黄を帯びた香染めの僧衣）の勅許が行われた。死後、亡くなった僧侶が称号・尊号を得られることは名誉なことであったが、授与した朝廷は見返りとして収入が期待された。

国師号では謝礼が五千疋（現在の約五百万円）程度、禅師号では五百疋（約五十万円）まで値下がりした。上人号や香衣勅許では、引合《ひきあわせ》（檀紙《だんし》の一種）十帖プラス二百疋（約二十万円）または小高《こたか》檀紙十帖プラス三百疋（約三十万円）くらいが相場であったといわれている。こうして見ると、その謝礼が朝廷の貴重な収入源であったのは事実といえよう。

天文《てんぶん》四年（一五三五）五月、後奈良《ごなら》天皇（一四九六～一五五七）は大永二年（一五二二）六月二十一日に亡くなった大徳寺《だいとくじ》宗松《そうしょう》に対し、大猷慈《だいゆうじ》済《さい》禅師の称号を贈った（『後奈良天皇宸記《しんき》』）。宗松は妙心寺、大徳寺の住持を務め、明応《めいおう》三年（一四九四）には美濃の斎藤利国《としくに》に招かれ、大宝寺（岐阜県岐阜市）を開いたことで知られている。

宗松の禅師授与を斡旋《あっせん》したのは、公卿の高辻長雅《たかつじながまさ》であった。この件について後奈良は、「謝礼として贈られたのは、香盆《こうぼん》（香炉などをのせる盆）と五百疋だけで誠につまらないものである。（中略）ただ笑うしかない」と率直な感想を漏らしている。称号・尊号の授与が朝廷の収入源であったのは事実としても、その額に不満があった様子がうかがえるのである。

勅願寺の指定

脇田晴子氏によると、戦国期に「勅願寺《ちょくがんじ》」が設定されていたことが指摘されている（脇田：二〇〇三）。勅願寺とは、天皇の発願《ほつがん》によって鎮護国家、皇室安全を祈念するために建立された寺院、またはその目的のために指定された既存の寺院を意味し、「御願寺《ごがんじ》」「勅願所」と称されることもある。

最初の勅願寺は聖徳太子が創建し、舒明《じょめい》天皇・天武《てんむ》天皇が移転・改称を行った奈良の大安《だいあん》寺《じ》とされている。また、奈良時代には文武《もんむ》天皇の薬師《やくし》寺《じ》、聖武《しょうむ》天皇の東大寺があり、天平十三年（七四一）に聖武天皇の勅願により諸国に建立された国分寺・国分尼寺がある。

平安時代以降では、桓武《かんむ》天皇の東寺《とうじ》・西寺《さいじ》・延暦《えんりゃく》寺、嵯峨《さが》天皇の大覚寺《だいかくじ》、光孝《こうこう》天皇の仁《に》和《な》寺《じ》、醍醐《だいご》天皇の醍醐寺などがあり、鎌倉時代には亀山《かめやま》天皇の南禅寺《なんぜんじ》が創建された。

戦国期になると、既存の寺院が申請によって、次々と勅願寺に設定された。たとえば、伊勢宗瑞《そうずい》（北条《ほうじょう》早雲《そううん》）の菩提寺《ぼだいじ》の相模《さがみ》・早雲寺は、天文十一年（一五四二）に勅願寺になった。美濃国の瑞龍《ずいりょう》寺《じ》や善恵寺《ぜんけいじ》も、斎藤妙《みょう》椿《ちん》の奔走により勅願寺になっている。

既存の寺院や新興寺院が寺格を上げるためには、勅願寺になることがもっとも早い方法だった。言うまでもないが、勅願寺として認められるためには、当然金銭が必要であった。

大嘗祭が行えない理由

即位式と同じく、当時行えなかった重要な儀式として「大嘗祭《だいじょうさい》」（大嘗会《だいじょうえ》とも）がある。天皇が皇祖神《こうそしん》に年毎《としごと》の稲の初穂を供えて共食する祭りを「新嘗祭《にいなめさい》」というが、大嘗祭はほぼ同じ内容の儀式を天子一代に一度の大祭として執り行うものである。

古代以来、新しい天皇の資格が完成するには、大嘗祭を行うことが必要であった。ところが、大嘗祭そのものは、十五世紀半ば頃から実施されていない。

天文十四年（一五四五）八月二十八日、後奈良は伊勢神宮に謝した「宸筆宣命《しんぴつせんみょう》」（天皇の命令などを伝える文書の様式の一つ）を奉納しており、大嘗祭を実施できなかった理由を記している（『東山御文庫記録』）。

冒頭の部分で後奈良は、大嘗祭を行えなかった理由について、自身が怠ったのではなく国力の衰微があったとし、①公道（世間一般に通用する正しい道理。公正な道。正義）が行われていないこと、②賢聖《げんじょう》有徳《うとく》の人がいないこと、③下剋上《げこくじょう》の気持ちが強く、最悪の凶族がはびこっていること、という三つの理由を挙げている。

つまり、有為な人材が払底し、人心が乱れたため、各地からの年貢が納められず、諸国の武士が年貢を押し取り、諸社の神社も退転している状況が原因であるというのである。このままでは皇位の継続も困難となり、公家の官途《かんと》（職務）も閉塞《へいそく》する状況になることを憂慮している。

後奈良はこの状況を打破するためには、神明の加護と神威を頼み、一刻も早く上下が和睦《わぼく》して平和な社会が到来し、民戸《みんこ》が豊饒《ほうじょう》し、皇室が長久であることを願っていた。

後奈良の心中は、速やかに大嘗会を実行して欲しいということだけではない。天皇は自前で軍隊を持っていないので、自ら諸国を鎮圧することができなかった。それゆえに、神仏に祈願するしか方法がなかったのである。

綸旨の発給

天皇の権威を示す例として、戦争時における「綸旨《りんじ》」の発給があった。

綸旨とは、天皇の命を受けて蔵人《くろうど》が発行する文書で、もともとは私的な書状形式であったが、のちには政治的・公的事柄にも使用された。奉書形式とはいえ、実質的には天皇の意思を反映した文書である。

応仁元年（一四六七）にはじまった応仁・文明の乱は、文明九年（一四七七）九月以降から収束に向かったが、完全に終わったわけではない。乱の主役である畠山政長《まさなが》と義就は、家督をめぐって戦いを続けていた。義就は畠山持国《もちくに》の子息で、政長は持国の弟・持富《もちとみ》の子息であった。当初、持国には子がなかったので、政長が養子に迎えられ、後継者に予定されていた。しかし、持国と妾の間に義就が誕生したので、家督争いが勃発したのである。

同年九月、義就は河内に下向し占領すると、勢力は政長が守護職を持っていた大和国《やまとのくに》にまで及んだ。そこで、政長は義就に対抗すべく、足利義政に依頼して義就を牽制《けんせい》しようと考えた。政長の要請を受けた義政は、後土御門に対し綸旨の発給を願い出た（『お湯《ゆ》殿上日記《どののうえにっき》』）。政長も公卿の広橋兼顕《ひろはしかねあき》を通じて、綸旨発給を依頼しているのである（『兼顕卿記』）。

そもそも綸旨の発給は相手が朝敵《ちょうてき》であるケースに限られていたが、畠山家内部の家督問題という私的な事情にもかかわらず、綸旨の発給が決定した。その綸旨の内容とは、伊勢国司の北畠政郷《きたばたけまささと》以下、東大寺、興福寺、粉河寺《こかわでら》、高野山の衆徒などに対して、政長と合力して義就を討つよう命じたものである（『高野山文書』）。極めて異例のことであった。

実は、このとき八代将軍義政は「御内書《ごないしょ》」も下したのであるが、政長は御内書だけでは効力がないと考え、綸旨を申請したのであろう。その後、政長は綸旨のお礼を朝廷に贈っている。

こうした事例から、天皇の存在意義は少なからずあったと考えられよう。ただ、実際に綸旨によって、敵が不利になったか否かは別問題である。

難しい行事の遂行

戦乱という非常事態、そして慢性的な財政難という状況下にあって、天皇がさまざまな業務を遂行するのには多くの困難が伴った。同時に、先例にもがんじがらめに縛られているので、余計に作業が遅れることが常態化したのである。
ここに掲げたのは、天皇や朝廷が果たす役割のごく一部に過ぎない。また、戦国期の天皇の役割などについては、今後検討しなくてはならない課題も多く、研究の進展が期待できる分野であるといえよう。

〔主要参考文献〕

池享『戦国・織豊期の武家と天皇』(校倉書房、二〇〇三年)
今谷明『武家と大皇』(岩波新書、一九九三年)
奥野高廣『皇室御経済史の研究(前編・後編)』(国書刊行会、一九八二年)
神田裕理『戦国・織豊期の朝廷と公家社会』(校倉書房、二〇一一年)
脇田晴子『天皇と中世文化』(吉川弘文館、二〇〇三年)
渡邊大門『戦国の貧乏天皇』(柏書房、二〇一二年)

2　禁裏で天皇を警護する公家たち

【家門の維持・幕府との分担】

水野智之

応仁の乱と天皇・公家

応仁《おうにん》元年（一四六七）五月、室町幕府八代将軍の足利義政《あしかがよしまさ》の後継者をめぐる争いから、大きな戦いが起こった。

義政の子義尚《よしひさ》（のちの九代将軍）と弟義視《よしみ》の対立に、畠山《はたけやま》氏や斯波《しば》氏など、いくつかの大名家の家督相続問題が絡み、大名らは東軍の細川勝元《ほそかわかつもと》方と西軍の山名宗全《やまなそうぜん》方のいずれかに分かれて激しく戦った。この応仁の乱（一四六七〜七七年）によって、京都では多くの建物が焼失し、荒廃したという。

後花園《ごはなぞの》上皇は戦乱を避けるため、幕府の所在する室町第《むろまちだい》（現在の京都市上京区）に移っていたが、武家の対立に対して中立の立場を保っていた。多くの公家は天皇に従いつつも、主に東軍方（幕府方）の立場にあった。

応仁二年（一四六八）十二月、上皇の御所である仙洞《せんとう》や天皇の御所を警護していた一部の公家が西軍に味方すると、後花園上皇はそのような公家の官職・位階を剝奪《はくだつ》した。西軍では、かつての南朝方の皇子を擁立する動きを見せたため、後花園上皇は西軍に与同した公家を敵として処罰したのである。

北朝の系統にある後花園上皇は武家の対立には中立を保つ姿勢を見せたが、かつての南朝方の動向に対しては容赦しなかったと言える。

応仁の乱ではこのような政治的な動向も見受けられるが、多くの公家にとってはまず戦乱を避けることが重要であった。公家のなかには戦地の京都を離れ、地方に下向《げこう》する者もいた。

朝廷の政務、儀礼は滞りがちで、文明《ぶんめい》二年（一四七〇）十二月に後花園上皇は死去した。その後は、後土御門《ごつちみかど》天皇が天皇家の家督として政務を執り行った。

戦国時代の朝廷と公家

応仁の乱以降、いわゆる戦国時代になったと見なされている。近年では、明応《めいおう》二年（一四九三）に管領《かんれい》細川政元《まさもと》が起こしたクーデターである「明応の政変」以降を、戦国時代とする見解も多い。

細川政元は足利義稙《よしたね》（十代将軍。初名義材《よしき》、のち義尹《よしただ》と改名。足利義視の子）を追放し、新たに足利義澄《よしずみ》（十一代将軍。もと清晃《せいこう》。のち義遐《よしとお》、義高《よしたか》と改名。足利政知《まさとも》の子）を擁立した（二一頁の系図参照）。この政変により、各地の大名も将軍家の対立に巻き込まれ、義稙を支持する立場と義澄を支持する立場に分かれて、争いが起こったのである。

その頃の朝廷や公家はどのような状況であったのだろうか。高校の日本史の教科書では、戦国時代の朝廷や公家のことはあまり触れられていないので、よくわからないと答える人が最も多いのではないかと思われる。

次に予想されることとして、応仁の乱以降、各地の荘園では武士が年貢《ねんぐ》を押領《おうりょう》（武力で奪い取ること）したため、中央の荘園領主のもとに年貢が納められにくくなる。その結果、荘園領主である中央の公家・寺社は、困窮していたとする理解である。

確かに当時の公家は貧窮しており、装束を調《ととの》えたり、儀式に参加することもかなわなかったりする者もいた。なかには地方に下向《げこう》して当地の大名に経済的支援を求めたり、その地域の有力武士に対して和歌や蹴鞠《けまり》など、代々自らの家で行われてきた職務や技能である家業《かぎょう》を手段として収入を得たりした者も見られる。

概して、戦国時代の公家は貧しく、地方に下って大名に頼っていたというイメージで捉えられているように思う。

また、洞院《とういん》家のように没落する家もあった。この家は十四世紀の南北朝期に洞院公賢《きんかた》など有力な貴族を輩出したが、応仁の乱の頃の当主である洞院公数《きんかず》は家領《けりょう》を維持できず、非常に困窮し、その子公連《きんつら》に至って家が断絶した。

荘園、家業、そして有力者に近侍《きんじ》するなど、様々な収入の手段をうまく活用しえなければ、家が途絶えることもあったのである。

公家の存続をめぐって

確かに当時の公家は経済的にも裕福でなく、貧しかったが、多くの公家の家名は途絶えることなく続いた。それは様々な努力の上で、家の存続がはかられていたということである。先に、当地の大名を頼って地方に下向する公家の存在を指摘したが、その場合でも家として天皇に対する奉仕を持続する必要があった。

例えば、文明十二年（一四八〇）十二月、橘通任《たちばなのみちとう》は後土御門天皇への奉仕をせず、自らの子を天皇のもとに参仕《さんし》させることもしていなかったため、後土御門天皇は通任の「知行分」を没収した（『親長卿記《ちかながきょうき》』同月二十八日条）。

通任自らが天皇に奉仕できなくとも、その子が天皇のもとに参仕していれば、橘家としては奉仕していることになったわけである。父子のいずれもが参仕していない場合は非難の対象となり、所領を没収されたのである。

後土御門天皇は応仁の乱によって参仕のままならない公家を、所領の没収などを通じて統制していたのであった。また、同じ条文（『親長卿記』）には、四条隆量《しじょうたかかず》も応仁の乱が終結したにもかかわらず、いまだ帰参していないので、後土御門天皇は西川房任《にしかわふさとう》を四条流の「一流」（一族のうち、筆頭にあたる有力者）に取り立てたことが記されている。

このように応仁の乱により、在京が困難になって地方に下向した公家を、天皇は再び自らのもとに参仕させるようにして、天皇と公家の関係が再生された。公家はそれによって家名を維持し、存続することができたのである。

公家への家門安堵

戦国時代に公家は地方に下向し、大名とのかかわりを深めて経済的支援を受けることがあった。しかし、公家が各地の大名のもとに分散して、大名を主人として仕え、天皇との関係が完全に断絶するというような状況はもたらされなかった。

かつての研究では、戦国時代に見られる公家の地方下向を「公家の分散」として政治的な解体を意味するかのごとく説かれることもあったが、現在、そのような認識は改められつつある。それは、戦国時代にも天皇と公家の君臣関係が維持されていたことを意味する。

では、その関係はいかにして維持されたのであろうか。

その要点の一つは、公家の家門《かもん》を誰が安堵《あんど》していたかという点から確かめられる。

公家の家門とは男子直系を根幹とし、家記《かき》（先祖から伝わる日記・記録、文書）・家屋・寺院・道具などと、これらを共有する夫婦・親子を中核とした親族集団で構成される。家記以下は、嫡子が単独でそのすべてを相続する原理、すなわち「嫡子単独相続の原理」に基づいて、家督（家長）が管領《かんれい》（管理・支配）する。家領は、家門を維持する上で重要な経済的基盤である。史料上、家領と家門は書き分けられているので、家領は家門の中に含まれていないと言える。

通常、嫡子に相続されるが、それができない場合には他家から養子を迎え、家督として家の相続を承認する行為が求められた。この承認を「家門安堵」という。

鎌倉時代より、この役割は天皇家の家長に求められていたが、三代将軍足利義満《よしみつ》の執政期にあたる永徳《えいとく》年間（一三八一～八四）以降、義満に安堵を求めることが一般化した。多くの公家は自らの主人を天皇ではなく、義満であると見なして家門安堵を義満に申請したのである。三条西《さんじょうにし》家や勧修寺《かじゅうじ》家、久我《こが》家、九条《くじょう》家など、多くの家で義満の安堵がなされている。義満はあたかも公家の主人として振る舞っていたのである。

公家への家門安堵は、義満の没後、四代将軍義持《よしもち》の執政期（一三九四～一四二三）になると、主に後小松《ごこまつ》上皇が執り行うようになる。義持は公家が自らに仕えることを制限しており、父義満とは異なる対応をした。義持の政治意識としては、公家の主人は上皇であり、将軍ではなかったのである。そのため家門安堵は主に後小松上皇が行うようになったと考えられる。幕府は公家の家領の相続を保証し、上皇は家門の相続を承認するという形式が明確化していき、戦国時代も基本的にはそのような安堵の形式が続いた。

一部、将軍家との結びつきの深い公家は家門の安堵を将軍に申請したが、八代将軍足利義政（執政期、一四四九〜七三）以降はほぼ天皇に申請するようになった。戦国時代における公家への家門安堵は、天皇が行っていたと見なしてよい。そのため、地方に下向した公家の家門の相続を、大名が扱うことはなかった。

戦国時代の家門安堵

戦国時代の家門安堵の状況を具体的に取り上げてみよう。

文明十九年（一四八七）正月、正親町三条《おおぎまちさんじょう》実望《さねもち》は駿河国《するがのくに》守護の今川義忠《いまがわよしただ》の娘と婚姻した。明応の政変後も実望は十一代将軍の足利義澄と友好的であり、明応七年（一四九八）正月に今川義忠の子氏親《うじちか》のもとにいた足利義澄の妹が上洛《じょうらく》した際、その妹は正親町三条家に滞在するほどであった。

ただし、永正《えいしょう》五年（一五〇八）に義澄と対立する足利義稙（十代将軍）の上洛の噂《うわさ》が伝わると、実望は駿河国に下向した。実望の子公兄《きんえ》は在京し続け、後柏原《ごかしわばら》天皇および足利義稙のもとで家の存続をはかった。家門を維持する上で、父子で異なる対応をしていることが注目される。

公兄は時に駿河国に下ることがあり、常に在京していたわけではなかったが、実望の家門相続は通常の嫡子相続として支障のないものであった。

ただし、享禄《きょうろく》元年（一五二八）、六十六歳になった実望は京都に住む三条西実隆《さねたか》に次の依頼をした。すなわち、公兄の子実兄《さねえ》（実望の孫）の叙爵を天皇に申請するよう、三条西実隆に取次を依頼したのである。

実望は孫の相続まで指示し、まだ二歳の実兄であったが、天皇との関係から家門の相続を安泰にしておこうとしたのであった。ここには今川氏の関与は見られないため、実望は二十年以上、駿河に在国《ざいこく》していても、京都の後奈良天皇こそが、自らの主人として家門の保証をもたらす存在であったと見なしていたのである。

戦国時代には、在国中に死去する公家も多くいた。大永《たいえい》三年（一五二三）に大内《おおうち》氏の領国であった周防国《すおうのくに》では飛鳥井雅俊《あすかいまさとし》が死去し、今川氏領国の駿河国では天文《てんぶん》十八年（一五四九）に上冷泉為和《かみれいぜいためかず》が死去した。

しかし、その相続に大内氏や今川氏が関与することはなかった。各家では在国中に大名に対して家業の奉仕を続け、たとえ在国期間が長期に及んでも、天皇に家門相続の承認を求めたのである。

朝廷の警固と「禁裏小番」

では在京し続けた公家は、どのように天皇に仕えていたのか。

朝廷では年中行事をはじめ、文化的・宗教的な行事・儀式が催されており、公家はそれらに出仕することが求められた。戦国時代になると、それらの行事・儀礼を遂行する際には、「禁裏《きんり》小《こ》番衆《ばんしゅう》」が深くかかわるようになった（後出）。

禁裏小番とは、摂関家と大臣を除く公家が輪番で内裏や仙洞（上皇の御所）に宿直し、その警固にあたることを指す。永徳三年（一三八三）に足利義満が「内裏小番」のことを命じて始められ、応永《おうえい》二十三年（一四一六）には、足利義持が後小松天皇に諮《はか》って制度を強化した。さらに、永享《えいきょう》二年（一四三〇）には後花園天皇と足利義教《よしのり》が協力して制度を改編したりした。

創設や制度の強化には武家が介在したが、禁裏小番は朝幕の対立や権限の争奪という文脈からではなく、公家の政治制度として理解すべきことが研究の上で指摘されている。

上皇が不在になると、「仙洞小番」は禁裏小番に吸収され、後花園上皇の死後は禁裏小番に一本化された。

文明八年（一四七六）には後土御門天皇の禁裏小番のうち、「内々衆《ないないしゅう》」と「外様衆《とざましゅう》」の存在が確かめられる。のちに禁裏小番は「内々番衆」「外様番衆」に編成され、その番帳（記録簿）の存在も知られている。

永正元年（一五〇四）の当番表にあたる番文《ばんぶん》によると、内々番衆については一番から六番まで各番三名（六番のみは二名）の公家が、外様番衆については一番から十番まで各番三名（一番のみ四名）の公家が定められている。

毎日、輪番で務めていき、内々番衆の場合は六日ごとに御所に宿直する義務があった。都合が悪い場合は、他の者と「相博《そうはく》」、すなわち交替することもできた。番文には大納言までの名前が記されており、大臣に昇進すると番から外れた。昇進や死去など、人員の異動があると、番を改めたことが研究上、明らかにされている。

戦国時代になると、殿上人《てんじょうびと》（昇殿を許される公家）が不在で、内裏に宿直していた小番衆が天皇への申次《もうしつぎ》（奏事《そうじ》などを申し伝える役）を務めることもあり、天皇の政治機能を支える存在にもなっていた。深夜に天皇と雑談をしたり、飲食を共にしたりすることもあった。

ちなみに、禁裏の諸門は幕府が月番を定めて、諸大名に務めさせることを原則としていた。例えば、禁裏の四足門《よつあしもん》（計四本の控え柱を設けた門）は管領《かんれい》の担当であったという。このように大名らが内裏を警固する負担を「内裏大番役」という。通常、御所内部の警固は禁裏小番衆の役割であり、御所外部の警固は武士の役割とされた。

永正十二年（一五一五）閏《うるう》二月、禁裏に盗人が入り、幕府は武士に諸門の警固を命じている。翌年にはその役割分担を改めて指示したことが知られる。ただし、戦国時代には大名や外様衆らが内裏大番役を十分に務められなくなり、山科《やましな》・小野《おの》・白河《しらかわ》などの郷民が警固に加わるようになった。

「禁裏小番」という名称について述べると、武士が諸門の警固を務める内裏（禁裏）大番役に対して、禁裏小番は天皇の近辺および内侍所《ないしどころ》の警固をするものと説かれてきた。近年の研究では、「職方聞書《しょくかたききがき》 幷《ならびに》 覚書《おぼえがき》」という、正親町実豊《おおぎまちさねとよ》が寛文《かんぶん》四年（一六六四）に宮廷の職制や作法について記した聞書を、後世に筆写した史料から、次のことが指摘されている。

すなわち、「昔は大勢、御番を務めていたため、大番と言った。小番は小勢で務める御番であるので、大番に対し、小番と言う」と伝える内容が紹介され、小勢であったために「小番」と称したと見なす説も提起されている。

内々と外様

禁裏小番衆の「内々」と「外様」の違いは、天皇との親疎から区別され、天皇との接し方も異なっていた。

内々番衆は天皇の御前に伺候《しこう》するので「御前番衆」とも呼ばれていたが、外様番衆は殿上の下侍《しもさぶらい》（清涼殿《せいりょうでん》の殿上の間《ま》の南にある、侍臣《じしん》の詰所）の外様番衆所に伺候していたことが明らかにされている。また、装束も異なっており、内々番衆は朝服、すなわち束帯《そくたい》であったことに対し、外様番衆は衣冠《いかん》・直垂《ひたたれ》という略装で参仕したという。内々番衆は天皇や親王、女房らと接触するが、外様番衆は内々番衆を介して天皇の指示を受けていたこと、また内々番衆は外様番衆の代わりを務められたが、外様番衆は内々番衆の代わりを務められなかったことなどが明らかにされている。

禁裏小番衆のうち、内々番衆のみ参加資格があった行事としては、「御祝《おいわい》」がある。それは正月、毎月朔日《ついたち》、五節句、三元《さんげん》（上元の正月十五日、中元の七月十五日、下元の十月十五日の総称）、亥《い》の子《こ》（十月の亥の日）などの日に、天盃《てんぱい》（天皇が酒を注いだ盃《さかずき》）が下されるものである。天皇との親密な立場にあることが示される行事と言えよう。

外様番衆は「御礼《おれい》」という行事を通じて、天皇に節目の挨拶をしていたことが知られる。その際も内々番衆の中次（奏事、挨拶などを取り次いで伝達する役）によって行われた。

天皇との対面においては、外様番衆は内々番衆と大きく隔たりがあった。そのため、内々番衆は自らの立場を自負する意識を高め、名誉のある社会的な地位として認識されるようになった。内々番衆を務める公家の子息には早くに参内《さんだい》を始めて、自らの立場を家として保持・継承するため、世襲化の試みがなされたようである。

戦国時代には、この内々番衆の家から天皇の后《きさき》も輩出するようになった（本書二〇頁の系図参照）。後柏原天皇の母は庭田《にわた》長賢《ながかた》の娘朝子《あさこ》であり、朝子は後土御門天皇の典侍《てんじ》（ないしのすけ。後宮の女官）を務めていた。

なお、朝子の兄庭田雅行《まさゆき》の娘源子は、後柏原天皇の典侍を務めている。後奈良《ごなら》天皇の母は勧修寺教秀《のりひで》の娘藤子《ふじこ》である。藤子の姉房子《ふさこ》も後土御門天皇の典侍を務め、後土御門天皇との間に女児をもうけた。正親町天皇の母は万里小路《までのこうじ》賢房《かたふさ》の娘栄子《えいこ》である。栄子の妹も正親町天皇の典侍を務めている。

さらに栄子の兄秀房《ひでふさ》は、自らの娘を正親町天皇の典侍にさせていた。庭田・勧修寺・万里小路家は、いずれも内々番衆の家であり、天皇に仕える人々の周辺には血縁による親密な人間関係が築かれていたのである。

禁裏小番のうち、外様番衆よりも内々番衆の方が名誉ある社会的な地位と認められるようになったことと同様に、その家の子女が天皇の後宮に入り、後継者を生んでいる状況に注目するならば、天皇は戦国時代であっても、公家に対する求心力を失っていなかったと考えられる。

伝奏の職務と動向

「伝奏《てんそう》」とは、天皇への奏聞《そうもん》（申し上げ事）を取り次いだり、天皇の意向を伝えたりすることを職掌とし、主に弁官《べんかん》や蔵人《くろうど》を経験した公卿《くぎょう》が務める役職である。いわば天皇の耳となり、口となり、様々な交渉を取りまとめる重要な役割を担っていた。

本来は上皇に仕える役職であったが、十四世紀初頭の鎌倉後期になると、親政下の天皇のもとにも近侍するようになった。寺社ごとに担当を設け、南都伝奏（興福寺《こうふくじ》などを担当とする伝奏）、賀茂社《かもしゃ》伝奏、神宮伝奏（伊勢《いせ》神宮を担当とする伝奏）、山門伝奏（延暦《えんりゃく》寺を担当とする伝奏）などがあり、主に武家との交渉を行う伝奏もあった。いわゆる「武家伝奏」である。

足利義満が伝奏を自らのもとに伺候させるようになり、義満の仰せを受けて文書を発給することもなされた。それ以降、将軍の仰せを奉じ、幕府に仕える公家であったように捉えられているが、嘉吉《かきつ》の乱《らん》（一四四一年）、さらには応仁の乱（一四六七～七七年）以降は活動の場を主に朝廷に移したと見なされている。

戦国時代には天皇への奏聞を取り次いだり、天皇の仰せを奉じて、武家（幕府）に伝えたりした。戦国時代には主に勧修寺家や広橋《ひろはし》家、万里小路家出身の公家が伝奏（武家伝奏）を務めた。

伝奏の任命にあたっては、幕府の同意のもと、天皇が行った。室町時代には幕府の強い影響力があり、幕府が実質的な権限を保持するかのようであったが、戦国時代には天皇の形式的任命権が実質的な効力を回復していたと考えられている。

戦国時代の伝奏は天皇に近侍し、取次だけでなく、様々な雑事を執り行う秘書的な役割も担っていった。朝廷の儀礼・行事や公家の昇進や家領のことなど、様々な出来事に関して、天皇が伝奏を通じて廷臣に諮《はか》ったり、あるいは諮問《しもん》する際も伝奏に尋ねたりすることがなされた。戦国時代の伝奏（武家伝奏）は、禁裏小番衆のうち、内々の者であり、天皇とも親しい立場にあった。

禁裏小番衆とともに、伝奏も戦国時代の天皇を支える重要な近臣として挙げられるが、伝奏は禁裏小番の内々番衆を兼ねていたことから、ここにも戦国時代の朝廷の人的な窮状を見ることができる。

足利義昭・織田信長の上洛と天皇・公家

永禄《えいろく》十一年（一五六八）九月、十五代将軍の足利義昭《よしあき》を擁立した織田信長が上洛すると、天皇や公家にもその影響が及んだ。

例えば、伝奏については、前将軍の足利義栄《よしひで》の登用した人材を変更するために、外様の飛鳥井雅教《まさのり》を起用するという改編がなされている。ここには足利義昭の強い意向が及んでいた。

雅教は「大徳寺伝奏」の兼職を要求し、以前から大徳寺伝奏を務めていた勧修寺晴右《はるすけ》は強く反対した。

晴右は足利義栄政権に深くかかわっていたため、義昭が上洛すると出奔した公家であるが、正親町天皇は晴右の意見を聞き入れ、従来どおり勧修寺晴右が大徳寺伝奏を務めることを認めたのであった。

この一連の経緯を研究上、どのように評価するかは見解が分かれ、議論になっている。のちの十六世紀末の豊臣期の伝奏や公武交渉の状況の評価とかかわるため、判断は難しいが、将軍が伝奏の任命に強く介入することは戦国時代には稀《まれ》であったので、正親町天皇からすると、従来と異なる状況がもたらされたと感じたであろうことは推測できる。

なお、足利義昭・織田信長が上洛した際、京都を逃れた公家のなかに、近衛前久《このえさきひさ》がいる。勧修寺晴右と同様に、前将軍の政権に深く関与したため、義昭からの譴責《けんせき》を逃れようとして出奔に至ったのであった。このとき、前久は自らの子信尹《のぶただ》が幕府に出頭できるよう、正親町天皇に依頼している。

ここにも、天皇と公家の関係の一端が見受けられよう。結局のところ、義昭は天皇の勅命を奉じず、信尹への相続はなされなかったが、近衛家が武家の政争に巻き込まれて窮地に陥った際、正親町天皇に頼っていたことは注目される。

なお、当時の摂関家の状況について、簡単に触れておこう。

かつての研究において、戦国時代の摂関家は朝廷政治に関与する機会が減っていき、朝廷政治は禁裏小番衆や伝奏など、天皇の近臣集団によってなされていたと説かれていた。しかし、近年の研究では朝廷に持ち込まれた裁判などに、関白らの関与していた事例が確かめられており、朝廷政治に摂関家がかかわっていたことは徐々に明らかにされつつある。

また、九条家・二条家・一条家の九条流摂関家と、近衛家・鷹司《たかつかさ》家の近衛流摂関家の対抗的な状況があり、それは武家の政争ともかかわっていた。十二代将軍の足利義晴《よしはる》と対立した九条稙通《たねみち》は、天文四年（一五三五）に京都を出奔し、大坂の本願寺を頼った。その後も長期に及ぶ在国を余儀なくされながら、足利義維《よしつな》（阿波公方《あわくぼう》）方と連携して復帰を試みていた。

九条稙通は、摂関家として自らを支えることは天皇に連なることになり、武家に対しては、正当性をもたらす効果を示していたのではないかと推測される。稙通は流浪中も在京する二条家などとの音信を続け、断続的ながら天皇との交流を保った。

足利義晴・義輝《よしてる》、そして三好《みよし》政権下において、停滞気味であった九条流摂関家では、足利義昭の上洛に大きく期待していたところであり、近衛前久の出奔後は九条流摂関家の二条晴良《はるよし》が関白に就任した。晴良は九条稙通の甥《おい》であり、稙通も元亀《げんき》二年（一五七一）には在京した。

織豊期の公家の家領と家業

天正《てんしょう》三年（一五七五）、織田信長は公家や身分の高い僧である門跡《もんぜき》に対して、徳政《とくせい》として一斉に知行《ちぎょう》宛行《あてがい》を行った。経済的に困窮していた公家にとって、歓迎される政策であり、「百年以来の地発《じおこし》なり。善政なり」などと評価される向きも見られたが、公家にとって織田信長から「朝役」や「家業」の励行を命じられることもなされた。「家業」とは、代々その家で行われ、生計を立ててきた職務、技能を指すが（本書所収の後藤論稿を参照）、「朝役」とはどのようなことを指すのであろうか。

例えば、天正八年（一五八〇）、織田信長は花山院家雅《かざんいんいえまさ》に対して「当家門跡目事」を申沙汰《もうしさた》し、「伏見《ふしみ》新地《しんち》分幷《ぶんならびに》京都《きょうと》地子《じし》銭等《せんとう》」を保証したが、それとあわせて「朝役」を励行することを命じている。

おそらく「朝役」とは朝廷に対する役、すなわち朝廷に務めるべき負担という意味であろう。このような文書が発給される背景として、この頃、信長は本願寺を屈服させており、その権勢は一層強まっていたため、天皇や公家にも影響力を高めた結果であると思われる。

このような政策は豊臣（羽柴）秀吉にも継承された。天正十三年（一五八五）、同十六年（一五八八）に、知行宛行が一斉に実施されている。この際、「朝役」を専らにすることや、「其家之道」である家業をもって朝廷のために「御奉公」することが命じられている。

これらの政策は、しばしば武家権力による介入という見方から評価されている。そのような側面は否定しないが、結果として、戦国時代に弛緩していた天皇と公家の関係を改めて再生、強化することをもたらしたと言える。十六世紀末の織豊《しょくほう》期において、朝廷の儀式・行事は整えられ、天下人《てんかびと》による経済的な支援のもと、安定的な政務を行うことができたと見なされる。関白に就任した豊臣秀吉は、天皇・朝廷との一体化を目指し、他の大名が独自に天皇との関係を持つことを制約した。豊臣政権において、天皇の権威は高められ、天皇は全国支配の上で重要な役割を果たした。公家はその天皇を支える存在として、天皇・朝廷に対して家業の奉仕を義務付けられていったのである。

〔主要参考文献〕

水野智之『室町時代公武関係の研究』（吉川弘文館、二〇〇五年）
奥野友美「戦国期禁裏小番の様相―内々衆と外様衆の検討を通じて―」（『白山史学』四三、二〇〇七年）
水野智之「足利義晴～義昭期における摂関家・本願寺と将軍・大名」（『織豊期研究』一二、二〇一〇年）
矢部健太郎『豊臣政権の支配秩序と朝廷』（吉川弘文館、二〇一一年）
朝幕研究会編『近世の天皇・朝廷研究大会成果報告集5　シンポジウム武家伝奏と禁裏小番』（学習院大学人文科学研究所、二〇一三年）

3　公家の女性が支える天皇の血脈維持

【後宮女房の役割】

神田裕理

素朴な疑問

サトウハチロー氏作詞の童謡『うれしいひなまつり』の二番の歌詞には、「お内裏《だいり》様《さま》とおひな様　二人ならんですまし顔」「官女《かんじょ》の白い顔」というフレーズがある。この「お内裏様とおひな様」は天皇・皇后を指し、「官女」は内裏《だいり》雛《びな》（男雛《おびな》と女雛《めびな》）の世話をするお仕えの女性、すなわち天皇・皇后に仕える後宮女房《こうきゅうにょうぼう》を指している。

そもそもひな人形は、平安時代の宮中《きゅうちゅう》を模したものと言われているが、このようなありようはその後も変化することはなかったのであろうか。戦国時代の朝廷にも、天皇と皇后という、「夫婦」のあり方は続いていたのであろうか。

このような素朴な疑問に対する解答は、実は近年にいたって導き出されるようになった。

その理由の一つは、戦国時代の天皇や朝廷に関する研究状況によっている。この分野に関する研究は太平洋戦争の敗戦後、数十年にわたって停滞していた。ようやく一九七〇年代以降にいたり、とくに政治史の分野で天皇を研究する必要が求められるようになったという経緯がある。

その後、一九九〇年代から二〇〇〇年代にかけて、朝廷の組織や制度に関する研究がなされるようになった。つまり、戦国時代の天皇のあり方や、朝廷の内部構造については、いまだ十分に解明されたとは言いがたい。

さらに、ほかにも理由がある。日本史学全体の問題として、女性を「歴史の表舞台に登場しない存在」と見なし、その存在形態や役割についての研究が低調だったことも挙げられる。一九八〇年代に入り、これまで歴史の中に埋もれて見過ごされてきた人々にも視点を当てた研究が取り組まれるようになった。

同時に、女性の地位やはたらきに着目した研究、すなわち女性史も模索されはじめた。現在の研究状況は、女性に特化した女性史の段階から、女性学やジェンダー概念を導入し、社会全体の相互関係の中から男性・女性の差異を読み解くジェンダー史（歴史の中での男女の差異はどのようにつくられたか、を問う研究）へと展開している。

しかしそのような中でも、戦国時代の朝廷における女性については、基礎的な事実すら明らかになっていないのが現状である。

本稿では、これまでよく知られていなかった戦国時代の朝廷、その組織の一つである「後宮」にスポットを当てる。後宮とは何か。後宮に仕える女房たちと天皇は、たんなる「主人と従者」といった関係であったのか。ここでは、天皇に仕える後宮女房たちが果たした役割、さまざまな活動状況を検討することによって、戦国時代の朝廷の実像を解明していきたい。

「正妻」のいない天皇

日本の朝廷が北朝《ほくちょう》（京都）・南朝《なんちょう》（奈良吉野）の二つに分立した南北朝《なんぼくちょう》時代（元弘《げんこう》三・正慶《しょうけい》二年〈一三三三〉～明徳《めいとく》三・元中《げんちゅう》九年〈一三九二〉）以降、江戸時代の初めまでのおよそ三百年のあいだ、天皇や皇太子の「正妻」（キサキ）である皇后や中宮《ちゅうぐう》は立てられていなかった。「戦国・織豊《しょくほう》期、天皇家略系図」（六四頁）を参照されたい。

具体的には、皇后や中宮の冊立《さくりつ》（正式に皇后として定めること）は、後醍醐《ごだいご》天皇（一二八八～一三三九）の二人目の中宮珣子《じゅんし》内親王（後伏見《ごふしみ》天皇の第一皇女）以降、江戸時代の初めまでのおよそ三百年のあいだ、途絶えていた（ただし、南朝の長慶《ちょうけい》天皇〈一三四三～九四〉には中宮〈西《さい》園寺公重《おんじきんしげ》の娘〉がいたとされている）。

皇后が立てられる、すなわち立后《りっこう》の復活は、江戸時代の寛永《かんえい》元年（一六二四）十一月十八日（一説には、二十八日）、後《ご》水尾《みずのお》天皇（一五九六〜一六八〇）の女御《にょうご》源和子《みなもとのまさこ》（徳川二代将軍秀忠《ひでただ》の五女）の皇后宣下《せんげ》まで待たなければならなかった。

また、皇后の予備的な地位である女御の制度（同制度は十二世紀初頭から確認できる）も、南北朝時代より中絶している。これも、天正《てんしょう》十四年（一五八六）十二月十六日、近衛前久《このえさきひさ》の娘前子《さきこ》（当時の関白《かんぱく》豊臣秀吉の養女）が後《ご》陽成《ようぜい》天皇（一五七一〜一六一七）の女御として入内《じゅだい》したことにより復活を遂げた。

戦国時代の天皇に「正妻」がいなかった理由は、いくつか考えられる。一つは、経済的な理由である。まず簡単に、天皇をめぐる状況から見ていこう。

本来、天皇の代替わりは、以下のようになされる。すなわち、先帝の死後あるいは譲位・退位と同時に践祚《せんそ》（天皇の位を継ぐこと、その儀式）がなされ、そののち即位礼（皇位に就いたことを天下に布告する儀式）が執り行われることによって、新天皇が誕生する。

しかし資金難から、戦国時代の天皇（後《ご》柏原《かしわばら》天皇・後《ご》奈良《なら》天皇・正親町《おおぎまち》天皇ら代々）の即位礼は践祚後、直ちに挙行されることはなかった（本書所収の渡邊論稿を参照）。

後奈良天皇（一四九六〜一五五七）の即位礼は践祚後十年を経て、また正親町天皇（一五一七〜九三）の場合も践祚後三年が経って挙行されている。かつ、後奈良天皇の即位礼は大内《おおうち》氏・朝倉《あさくら》氏・長尾《ながお》氏、正親町天皇のそれは毛利《もうり》氏・三好《みよし》氏・朝倉氏といった、各地の戦国大

【戦国・織豊期、天皇家略系図】

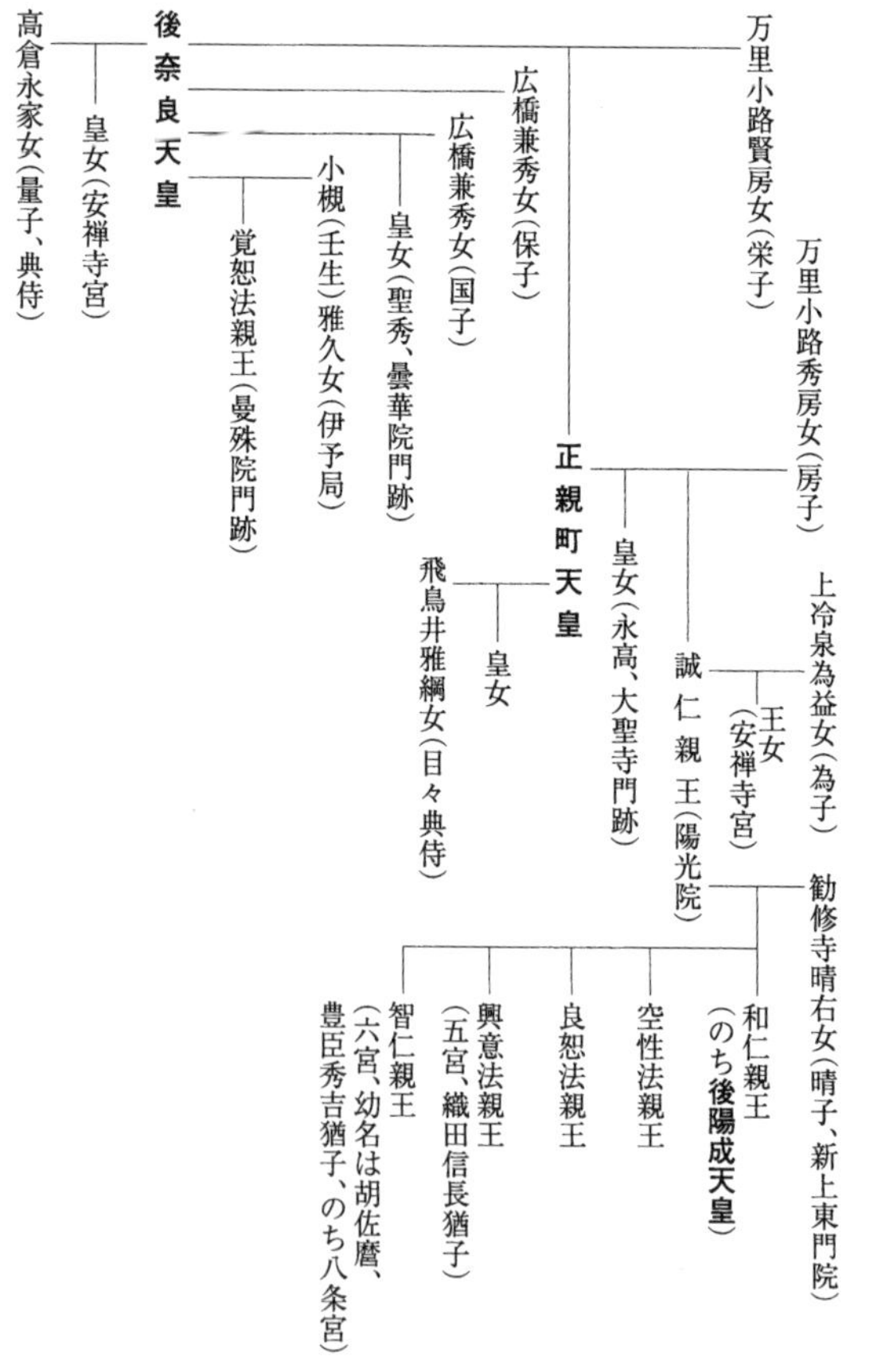

註　「本朝皇胤紹運録」（『群書類従』第五巻 系譜部）をもとに作成。一部、略。

名の献上金《けんじょうきん》を得て実現したのである。

このことからも明らかなように、朝廷には立后の儀式を挙行するだけの費用がなかった。加えて、立后すると「中宮職《ちゅうぐうしき》」という役所を設立し、天皇家と同じ組織を持つ必要が出てくるが、朝廷にはそれを設立・維持するだけの財力がなかったのである。

さらに、娘を皇后として出す「家」にも経済的な問題はのしかかっていた。当時、皇后を出す「家」は、摂家《せっけ》（摂政《せっしょう》・関白に任官できる最上層の公家）・清華家《せいが》（摂家に次ぐ家格。近衛大将《このえたいしょう》を経て大臣に任官できる家柄）といった高い家格（家の格式）、つまり公家の中でもトップクラスに限られており、それ以外の「家」は認められていなかった。

しかし当時は、上流公家といえども財政状態は芳しくなく、外戚《がいせき》として皇后やその周辺を支えるだけの経済的余裕はなかった。そのため、彼ら公家側からも娘を入内させようという積極的な動きが生まれなかったのであろう。

もう一つの理由として、朝廷のあり方の変化も挙げられる。すなわち平安時代以降、官職への就任が男性に限定されるようになった結果、しだいに朝廷における女性の地位や役割も、公的なものから天皇「家」内部の私的なものへと変化していったということも、理由の一つであろう。

以上の理由から、長いあいだ朝廷では皇后・中宮が立てられない状態が続いていた。

つまり、戦国時代の朝廷は「お内裏様とおひな様」といったあり方ではなかったのである。

後宮女房たちの横顔

つづいて、「後宮女房」についても見ていこう。表1（七〇頁）の「正親町天皇期・後宮女房衆一覧表」、および表2（七二頁）の「後陽成天皇期・後宮女房衆一覧表」を参照されたい。

なお、この時代は近世（江戸時代）とは異なり、後宮女房の名簿である「雲井《くもい》」「女房次第《にょうぼうしだい》」「女房補略《にょうぼうぶりゃく》」といった類いの記録は、現存しない。そのため、表1および表2のデータ作成に際しては、公家の日記や、後宮女房の執務日記である『お湯殿《ゆどの》の上《うえ》の日記《にっき》』などの記載を基とした。

後宮女房は位《くらい》の高下《こうげ》によって、典侍《てんじ》（すけ〈ないしのすけ〉）・内侍《ないし》・命婦《みょうぶ》・女蔵人《にょくろうど》という役職に分かれており、それぞれおおむね四～六人ずつ（この中でも上下関係はある）で構成されている。さらに女蔵人の下位には、女嬬《にょじゅ》、御末《おすえ》という役職があり、後宮女房の総員はおおよそ五十～六十人であった。

彼女らの立場は、位によって明確な格差がある。すなわち、典侍（従四位《じゅしい》に相当する）・内侍（従五位《じゅごい》に相当する）クラスは「上臈《じょうろう》」と、命婦以下は「下臈《げろう》」と位置づけられている。また、位によって勤務形態・呼称にも差がある。

のちの近世（江戸時代）にいたると、典侍・内侍から女蔵人までは、天皇の側近《そば》くで勤務する「女房」と称されるのに対し、女嬬らは天皇に顔を合わせることなく勤務する「女中《じょちゅう》」と称されるようになるなど、歴然とした違いが生じている。

同様に、女房たちの出身の「家」の家格にも格差が見られる。典侍となる女性は、概して名家格《めいかかく》（弁官《べんかん》・蔵人を経て大納言《だいなごん》に昇進する家柄）という中流公家の出身者である。それに対して、内侍となるのは、主に半家格《はんけかく》（名家に次ぐ家格。参議《さんぎ》・中納言・大納言に任官する家柄）という比較的、下流に属する公家の女性たちであった（二二頁の「家格と官職相当表」参照）。

加えて、室町時代から織田時代にかけては、後宮女房は出身の「家」によって就《つ》くべき職《しょく》が決まる傾向がある。十四世紀後半以降、代々特定の「家」の出身者が特定の女房の役職に就く、といった現象が表れた。これにより、後宮女房の職《しき》（役職とそれに伴う権益）の相伝《そうでん》は、「伯母（あるいは叔母）―姪《めい》」という血縁関係によってなされるようになった。

室町時代から織田期に見られる、後宮女房職《にょうぼうしょく》の固定化の傾向は、その名残であろう。たとえば織田時代、すなわち正親町天皇の在位期（一五六〇～八六）に、典侍とくにそのトップである大典侍《おおすけ》に任命されるのは、中流公家（名家格）の万里小路《までのこうじ》家あるいは勧修寺《かじゅうじ》家の出身者であった。

また内侍のトップである勾当内侍《こうとうのないし》（別名、長橋局《ながはしのつぼね》）は、坊城《ぼうじょう》（東坊城《ひがしぼうじょう》）家と高倉《たかくら》家、両家

（いずれも半家格）の出身者が任じられる慣習があった（『二水記《にすいき》』大永《たいえい》七年〈一五二七〉九月十三日条）。表1を見ると、正親町天皇在位期にいたっても、女房職の世襲化の慣習が残っていたことがわかる。

後宮女房のはたらき①――朝廷内部での仕事

「正妻」のいない天皇の、実質的なキサキは後宮女房たちであった。表1・表2および系図（六四頁の「戦国・織豊期、天皇家略系図」）からもわかるように、女房たちは天皇とのあいだに子どもをもうけ、その子どもたちの中から、次期天皇となる者（皇太子）も現れている。

たとえば後奈良天皇、正親町天皇、誠仁《さねひと》親王（正親町天皇第一皇子）、後陽成天皇ら代々の天皇および皇太子の生母は、いずれも万里小路家、あるいはその一族（ともに藤原氏北家《ほっけ》勧修寺流の家系に属する）の勧修寺家の女性たちである。

前述のように、彼女たちは典侍として後宮に入り、天皇の側近くに仕えていた。もちろん、女房たちの役割は「天皇の子どもを生む」ことにとどまらない。彼女たちに課された役割は多岐にわたるが、まず朝廷内部で果たした役割から見ていこう。

朝廷内での役割としては、まず天皇家内部にかかわる仕事がある。すなわち、天皇の日常生活を支える役割（食膳での給仕・衣服の管理など）が挙げられる。このほか、女房たちには、朝儀《ちょうぎ》（朝廷の儀式。天皇即位礼や除目《じもく》〈任官の儀式〉など）や節句《せっく》など年中行事のおり、天皇に付き従って参列する役割も課せられている。

たとえば、永禄《えいろく》三年（一五六〇）正月二十七日に挙行された正親町天皇の即位礼には、長橋局（高倉好子《たかくらよしこ》）と新内侍（持明《じみょう》院孝子《いんたかこ》〈基子《もとこ》〉）が、三種《さんしゅ》の神器《じんぎ》（天皇の位のしるし）のうちの草薙《くさなぎの》剣《つるぎ》・八尺《や》瓊曲玉《さかにのまがたま》を奉じて参列している（『言継卿《ときつぐきょう》記』永禄三年正月二十七日条）。

かかる朝廷内部での仕事は、大典侍の指揮のもとに女房たちが分担していた。大典侍は後宮女房衆の統括者としての役目を負っており、後述する勾当内侍（長橋局）とともに、いわば車の両輪として天皇「家」そして後宮を支えていた。つづいて、勾当内侍（長橋局）のはたらきについても見ていこう。

後宮女房のはたらき②——朝廷外部との折衝

他方、朝廷外部とかかわる仕事は、主に内侍のトップの勾当内侍（長橋局）がつかさどっていた。一口に朝廷外部とかかわる仕事と言っても、その内容はバラエティに富んでいる。順に見ていくとまず、京都にある寺社（北野社・祇園社《ぎおんしゃ》〈八坂神社〉・東寺・清水寺など）への代拝や、天皇（朝廷）の意向・要求を伝達する、といった役割が挙げられる。これらのうち、後者の事例を見てみよう。

表1　正親町天皇期（1557～86）・後宮女房衆一覧表

役職名	地位	出自（家格）	皇子・皇女	出仕期間	出典
上臈局		二条尹房の娘 花山院家輔の養女（清華家の養女）①		永禄十年十一月二十四日～ のち正親町上皇に継続出仕	お湯・言継
大典侍	後宮女房の統括者 典侍の第一位 正親町天皇の叔母	参議万里小路賢房の娘（二位局）（名家出身）	皇女永高（大聖寺門跡） 皇女某	正親町天皇東宮時代～	本朝皇胤紹運録
新大典侍	典侍の第二位	内大臣万里小路秀房の娘 房子（清光院）（名家出身）	誠仁親王（陽光院）（天文二十年生～天正十四年七月二十四日没）	正親町天皇東宮時代～ 天正八年十二月二十九日、死去	お湯
目々典侍		権大納言飛鳥井雅綱の娘（羽林家出身）	皇女春齢 皇女永尊	永禄元年十一月二十六日～ 同十年十月二日、退出	お湯
勾当内侍（長橋局）	掌侍（内侍）の第一位	参議薄（橘）以緒の娘 好子、権大納言高倉永家の養女②		天文十一年二月十九日～天正二年八月（一説には三年）、死去	お湯
〃		葉室頼房の娘、好子の養女、権大納言高倉永相の養女（半家出身）		永禄八年二月二日、養女。天正二年八月以降に出仕ヵ→のち帥局として正親町上皇に勤仕	言継
新内侍	内侍の第五位	大蔵卿持明院基孝の娘 基子（孝子）（羽林家出身）		永禄元年九月二十八日～ 慶長十四年正月十二日、退出	お湯

中臈		治部卿土御門有脩の娘（半家出身）		永禄四年十月二十日～	お湯
伊予	中・下臈格の命婦の第一位	宮内卿清原（舟橋）枝賢（外記雪庵道白）の娘（半家出身）		元亀二年十月二十六日～天正元年十二月九日ヵ（天正十四年、細川忠興室明智氏に勤仕）③	言継・お湯
〃		大外記中原（押小路）師廉の娘		?～後陽成天皇へ継続出仕　④	お湯・家譜
〃		「たんせう入道」の娘		?～天正八年六月二十六日、退出	お湯
〃		「なかかた」の娘		天正元年十二月十日～	お湯

註・出典の『お湯』は『お湯殿の上の日記』の略記、『言継』は『言継卿記』の略記。
・「本朝皇胤紹運録」（『群書類従』第五輯、系譜部）・『野史』（巻二十二、列伝后妃二）、参照。
・①摂家出身の女性は、家格の高さから後宮女房として出仕できないため、一つ下の家格の清華家の養女となって出仕した（『言継卿記』永禄十年〈一五六七〉十一月二十四日条）。
・②この時期、勾当内侍を輩出する「家」は、高倉家にほぼ限定されている（『二水記』大永七年〈一五二七〉九月十三日条）。
・③『言経卿記』天正十四年〈一五八六〉七月十四日条、参照。
・④奥野高廣氏は、中原師廉の「妹」とする（奥野『戦国時代の宮廷生活』（続群書類従完成会、二〇〇四年）。しかし、『中原押小路家譜』（東京大学史料編纂所架蔵写本、請求番号四一七五―三六四号）によると、師廉の「娘」にあたる。師廉の娘は、誠仁親王、正親町天皇に仕えたのち、後陽成天皇に継続出仕した。

表2 後陽成天皇期（1586～1611）・後宮女房衆一覧表

役職名	地位	出自（家格）	皇子・皇女	出仕期間	出典
大典侍	後宮女房の統括者 典侍の第一位	権大納言中山親綱の娘親子（羽林家出身）	仁和寺覚深法親王（天正十六年五月五日生～正保五年閏正月二十一日没） 梶井宮承快法親王（天正十九年二月十四日生～慶長十四年十二月二十四日没）	?～慶長十三年二月十一日、死去	義演・孝亮
〃		権大納言日野輝資の娘輝子（名家出身）（従三位）	大覚寺尊性法親王（慶長七年十月八日生～慶安四年三月二十二日没）	?～慶長十二年五月二十日、死去	言経・鹿苑
〃		権大納言庭田重通の娘具子（羽林家出身）	知恩院良純法親王（慶長九年三月二十九日生～寛文九年八月一日没）		庭田家譜
新大典侍	典侍の第二位	権大納言広橋兼勝の娘兼子（名家出身）		慶長五・～同十四年九月二十三日、伊豆新島へ配流（猪熊事件の当事者）、元和九年九月、勅免	広橋家譜
権典侍		中院入道通勝の娘（大臣家出身）		?～慶長十四年九月二十三日、伊豆新島へ配流（猪熊事件の当事者）、元和九年九月、勅免	中院家譜
目々典侍		権中納言葉室頼宣の娘（一対局）（名家出身）	皇女光照院尊厳（尊清）（慶長十八年生～寛文九年八月一日没）	?～延宝七年八月二十九日、死去	葉室家譜

勾当内侍（長橋局）	掌侍（内侍）の第一位	中納言持明院基孝の娘基子（孝子）（羽林家出身）	妙法院堯然法親王（慶長七年生～寛文元年閏八月二十二日没）	永禄元年九月二十八日～慶長十四年正月十二日、退出 新内侍→勾当内侍→大納言典侍と昇進	時慶・お湯・持明院家譜
平内侍		参議右衛門督西洞院時慶の娘時子（勘解由局）（半家出身）	皇女大聖寺永崇（慶長十四年五月二十二日生～元禄三年七月二十日没）皇女高雲院宮（慶長十五年八月二十六日生～同十七年八月七日没）	慶長五年八月十六日～同十五年五月二十三日、退出	時慶・お湯・孝亮
藤内侍		左近少将園基任の娘光子（壬生院）（羽林家出身）		?～のち後水尾天皇に出仕し、後光明天皇をもうける	園家譜・禁中女中衆覚書
菅内侍		菅原（唐橋）在通の娘		?～慶長十四年九月二十三日、伊豆新島へ配流（猪熊事件の当事者）、元和九年九月、勅免後、武家に祗候	唐橋家譜・禁中女中衆覚書
中内侍		水無瀬氏成の娘（羽林家出身）		?～慶長十四年九月二十三日、伊豆新島へ配流（猪熊事件の当事者）、元和九年九月、勅免	水無瀬家譜
内侍		参議五条為経の娘（半家出身）		慶長十四年十二月二十七日～	時慶・お湯
〃		権中納言中御門資胤の娘（名家出身）		慶長十四年十二月二十八日～	お湯

内侍		権少将正親町季康の娘		慶長十四年十二月～	勧修寺光豊公文案
播磨局		大外記中原(押小路)師廉の娘(伊予局→播磨局→東式部局と改称)		正親町天皇時代から継続出仕 寛永七年六月二日、死去	中原押小路家譜
三位局		古市播磨守胤栄の娘	皇女冷雲院(慶長十六年生～同年六月八日没) 聖護院道晃法親王(慶長十七年三月八日生～延宝七年六月十八日没) 皇女空花院(慶長十八年生～同年七月十一日没)		本朝皇胤紹運録
伊予局	下臈	下鴨前社務鴨県主祐豊の娘		?	禁中女中衆覚書
讃岐局	下臈	典薬備後守丹波頼慶の娘		?～慶長十四年九月二十三日、伊豆新島へ配流(猪熊事件の当事者)、元和九年九月、勅免	禁中女中衆覚書
出雲局	下臈	上賀茂松下片岡禰宜鴨県主延久の娘		?	禁中女中衆覚書

土佐局	下臈	春日社家中東大中臣時広の娘	照高院道周法親王（慶長十八年正月十六日生〜寛永十一年十一月二十八日没） 梶井宮慈胤法親王（元和五年生〜寛永九年七月二日没）	？	本朝皇胤紹運録

註・出典の『義演』は『義演准后日記』、『孝亮』は『孝亮宿禰日次記』、『鹿苑』は『鹿苑日録』、『言経』は『言経卿記』、『時慶』は『時慶卿記』、『お湯』は『お湯殿の上の日記』、の略記。
・「本朝皇胤紹運録」（『群書類従』第五輯、系譜部）・『野史』（巻二十二、列伝后妃一）、参照。
・『後陽成天皇宸筆禁中女中衆覚書』（『妙法院史料』第五巻、古記録・古文書一）、参照。
・「勧修寺光豊公文案」（『大日本史料』第十二編之六）、参照。

1・「女房奉書」の発給と取次役

元亀《げんき》二年（一五七一）十二月、比叡山延暦寺《ひえいざんえんりゃくじ》に属する門跡《もんぜき》（天皇家や公家の子弟が門主《もんす》を務める特定の寺院）の領地が、織田信長の配下の武将明智《あけち》光秀《みつひで》によって押領《おうりょう》されてしまった。この年の九月十二日、信長が比叡山を焼き討ちしており、光秀による門跡領押領はそれに乗じたものであった。これを不満に思った正親町天皇は、信長と室町幕府十五代将軍の足利義昭《あしかがよしあき》に対し、押領禁止および領地の還付《かんぷ》を命じている。この正親町天皇の命令は、勾当内侍が承った上で「女房奉書《にょうぼうほうしょ》」にしたためられ、信長・義昭に伝えられた（『言継卿記』元亀二年十二月十日条）。

女房奉書とは、天皇の仰せを受けて、側近の女房が書く（＝奉書）書状（手紙）である。「女房文《にょうぼうぶみ》」あるいは「女消息体《おんなしょうそくたい》」という、仮名文字・散らし書きでしたためられる女房奉書の作成も、勾当内侍に課せられた役目の一つなのである。

逆に、勾当内侍が外部からの要求に応じて、朝廷内の情報を知らせたり、希望を朝廷側に取り次ぐこともあった。

たとえば、中流公家の山科《やましな》言継が権大納言《ごんだいなごん》へ昇進する際、彼は勅許《ちょっきょ》（天皇の許可）が下りる前に、勾当内侍のもとを訪れ、内々にその情報をキャッチしている（『言継卿記』永禄十二年〈一五六九〉正月二十三日条）。なお、朝廷からの勅許と正式な昇進伝達は翌日になされている（『同』正月二十四日条）。この昇進には、大典侍による推挙（推薦）もあったようで、言継は彼女に対しても昇進の礼を述べている（『同』正月二十五日条）。

また、皇太子の誠仁親王（正親町天皇第一皇子）に仕える女房で、親王の実質的なキサキであった勧修寺《かじゅうじ》晴子《はれこ》（若御局《わかおつぼね》）も、同様なはたらきをしている。晴子は、吉田社神主の吉田《よしだ》兼見《かねみ》・兼治《かねはる》父子の昇殿《しょうでん》（天皇の居所である清涼殿《せいりょうでん》へ昇ることへの勅許）や官位《かんい》（官職と位階《いかい》）昇進の希望を、内々に親王へ取り次ぎ、それをかなえている（『兼見卿記《かねみきょうき》』天正《てんしょう》八年〈一五八〇〉十一月六日条・同十年五月三日条）。

2・収支の管理

さらに、朝廷で挙行される儀式・行事の準備のほか、年貢の管理や諸経費の捻出《ねんしゅつ》なども、勾当内侍の腕にかかっている。たとえば、永禄から元亀への改元（元号の改定）の際、勾当内侍は改元儀式にかかる費用に関して、室町幕府との折衝にかかわっている（『言継卿記』永禄十三年〈一五七〇〉正月二十八日条）。

そして、幕府から提供された費用は、改元担当の公家のほか、勾当内侍にも分配されている（『中原康雄記《なかはらやすおき》』）ことからわかるように、勾当内侍は公家たちと共同して事を進めているのである。このような収支の管理は、ほかにも見られる。

禁裏御料《きんりごりょう》（朝廷が所有する荘園）から年貢として金子《きんす》が納められた際、その分配と管理も勾当内侍に委ねられている（『お湯殿の上の日記』天正八年〈一五八〇〉六月三日条）。また、誓願寺《せいがんじ》の僧侶が香衣《こうえ》（格の高い僧侶に着用が認められる袈裟《けさ》）着用の勅許（本書所収渡邊論文参照）を得た謝礼として、礼銭四貫文《れいせんよんかんもん》（一貫文は、現在の約十～十五万円に相当とも）を朝廷に献上した。勾当内侍は、そこから二貫文を取り、天皇の御服調進《ごふくちょうしん》（装束を調える）のための費用にあてる（『言経卿記《ときつねきょうき》』天正七年〈一五七九〉正月十六日条）など、彼女が天皇家の家計を切り盛りしている様子もうかがえる。

3・使者としての派遣

さらに注目すべきは、後宮女房が朝廷側を代表する使者として派遣されていることであろう。これは、戦国時代から織田信長の時代にかけて新たに加わった、女房の役割である。

この時期、朝廷と武家とのあいだで政治的な問題が起きた際、後宮女房も交渉役として携わっていた。天正元年（一五七三）頃、時の天皇、正親町天皇は高齢（五十七歳）かつ病気がちであったため、誠仁親王への譲位を望んでいた。このことは朝廷はもちろん織田信長もいったん了承していた（『孝親公記《たかちかこうき》』天正元年十二月八日条）ものの、白紙に戻ってしまった。

その後、天正九年（一五八一）にいたり、再び朝廷—信長間で折衝されることとなった。同年三月九日、朝廷は信長を左大臣に任じるため、勅使《ちょくし》（天皇からの使者）として勾当内侍と上臈局《じょうろうのつぼね》（二条《にじょう》尹房《ただふさ》の娘）を派遣し、信長の意向を打診した。

この左大臣推任《すいにん》のおり、譲位問題が表面化したのである。もっとも信長が、左大臣任官を受けることはなかった。しかしこの時、勾当内侍は信長から、再び譲位に同意し、実現のために費用提供を約する言葉をいったんは引き出している（『お湯殿の上の日記』三月九日条）。ただ結果として、凶年にあたることを理由に、今回も譲位の挙行は見送られてしまった（『兼見卿記』天正九年四月一日条ほか）。

女房が朝廷—武家間をつなぐ使者となった例は、これ以外にもある。

天正十年（一五八二）四月、甲斐《かい》武田《たけだ》氏を滅ぼし居城の安土《あづち》城へ戻った信長のもとに、朝廷から「三職《さんしき》」（太政大臣・関白・征夷《せいい》大将軍《たいしょうぐん》）に推任する使者が派遣された（『晴豊公記《はれとよこうき》（天正十年夏記《なつき》）』同年五月三日条）。このおり、勅使として正親町天皇からは上臈局、東宮使《とうぐうし》（皇太子からの使者）として誠仁親王から大御《おおお》乳人《ちのひと》（天皇・皇太子の乳母《うば》〈めのと〉。彼らの後見役《こうけんやく》）が、それぞれ派遣されたのである。

安土城へは、彼女たちに加え、公家の勧修寺晴豊も赴いた。注目すべきは、晴豊は朝廷―武家間の交渉をつかさどる「武家《ぶけ》伝奏《てんそう》」という役職に就いているにもかかわらず、上臈局・大御乳人ら、二人の女房の介添え的な存在であった点である。

晴豊ではなく、女房が勅使を務めている理由は、任官を打診する意味があったためであろう。仮に武家伝奏が派遣された場合、その役目柄、任官は決定事項となるおそれがある。左大臣推任・三職推任は、いずれもいまだ朝廷の内意を信長に伝える段階であった。そのため、武家伝奏ではなく女房が派遣されたのである。

以上のように後宮女房たちには、実際の朝廷―武家間の交渉の場で、問題解決に向けて折衝したり、双方の意向を確認しあうといった役割が課せられていたのである。しかし室町時代には、このような女房のはたらきは確認できず、武家伝奏がその役割を担っていた。信長の時代にいたって、後宮女房たちの活躍の場が広がっていったのである。

後宮女房への手当

以上のように、さまざまな役割が課せられていた後宮女房たちだが、彼女たちのはたらきに対して、どのような手当が与えられたかは、史料上から明確にはわからない。

女房たちに対し、禁裏御料から金子の一部が支払われるほか、朝廷への年貢が分配されることもあった（『お湯殿の上の日記』天正元年〈一五七三〉十月二十二日条）。

また、女房たちの中には知行《ちぎょう》地《ち》を所有・管理し、そこから利益を得る者もいた（『言継卿記』永禄三年〈一五六〇〉二月十三日条）。さらに前述のように、彼女たちは諸方から依頼されて朝廷への取次を行い、謝礼の金品を受け取ることもあった（『言継卿記』天文《てんぶん》十四年〈一五四五〉十月十七日条）。これらの報酬もまた、後宮女房たちの貴重な収入源となったと言えよう。

後宮女房の一生

後宮女房たちは、いったん後宮に入ったのちは終身、女房職を務めなければならなかったのであろうか。実際、中流公家の葉室頼房《はむろよりふさ》の娘は、三歳で当時、勾当内侍であった高倉好子の養女となっている（『言継卿記』永禄八年〈一五六五〉二月二日条）。のち彼女も内侍として正親町天皇に仕えていることからわかるように（七〇頁の表1参照）、女房「予備軍」として養育されたのであろう。

また、下流公家の土御門《つちみかど》有脩《ありなが》の娘は、十五歳で後宮に入っている（『お湯殿の上の日記』永禄四年十月二十日条）。また、西洞院時慶《にしのとういんときよし》の娘時子《ときこ》が新内侍《しんないし》として初出仕したのは、「まだ幼いので髪を結い上げてはいない」（『お湯殿の上の日記』慶長《けいちょう》五年〈一六〇〇〉八月十六日条）という、十歳前後の時期であった。

少女期から出仕しはじめた女房たちは、おおむね天皇の代替わりを機に、メンバーが一新される傾向にある。正親町天皇に仕えた女房たちは、天皇譲位後はそのまま上皇付きへと異動し、一部の者が新天皇（後陽成天皇）のもとへ出仕した（七〇～七五頁の表1・表2を参照）。

その一方で、「一生奉公《いっしょうぼうこう》」をしない女房たちも存在する。その何人かを紹介しよう。

戦国期、三好長慶《みよしながよし》とともに畿内《きない》（京都周辺地域）で権勢をふるった松永久秀《まつながひさひで》は、生涯二人ないし三人の妻を娶《めと》ったとされているが、その一人に広橋国光《ひろはしくにみつ》の異母妹《いぼまい》保子《やすこ》がいる。保子は、前夫の一条兼冬《いちじょうかねふゆ》（後円明寺《ごえんみょうじ》関白）と死別したのち、久秀に再嫁《さいか》したのであるが、実は一時期、後宮女房として朝廷に出仕していた（六四頁の「戦国・織豊期、天皇家略系図」参照）。

保子の出仕の理由は、後宮女房の人員不足を解消するためである（『お湯殿の上の日記』弘《こう》治《じ》二年〈一五五六〉十一月二十日条）。加えて当時、異母姉の国子《くにこ》が後奈良天皇の大典侍《おおすけ》として後宮をとりしきっていたことから、ゆくゆくはその職を継ぐことを期待されていた、という状況もあったであろう。

また、後宮女房がその職を辞した後、嫁ぐ例や、他家に仕える例もままある。先に挙げた「戦国・織豊期、天皇家略系図」を参照されたい。

皇太子の誠仁親王に仕える典侍冷泉《れいぜい》氏（上冷泉為益《ためます》の娘為子《ためこ》）は、親王とのあいだに王女（安禅寺宮《あんぜんじのみや》）をもうけている。しかし理由は不明であるが、為子は親王のもとを去り、天正十年（一五八二）八月、本願寺《ほんがんじ》顕如光佐《けんにょこうさ》の次男興正寺《こうしょうじ》顕尊佐超《けんそんさちょう》に嫁いでいる（『言経卿記』八月二日条）。

さらに、正親町天皇の侍読《じとう》（天皇の学問教授役）を務めた儒学者である宮内卿・大外記《だいげき》清原《きよはら》枝賢《しげかた》の娘、「いと」にも目を向けよう。「いと」は自身がキリシタン（洗礼名マリア）となったのち、彼女の女主人である細川忠興《ほそかわただおき》夫人玉《たま》（明智光秀の娘、洗礼名ガラシャ）にキリスト教を教え、手ずから洗礼を授けた女性として、つとに知られている。

実は「いと」もまた、細川家に仕える以前は、伊予局《いよのつぼね》として正親町天皇の後宮女房として出仕していたのである（『言経卿記』天正十四年〈一五八六〉七月十四日条、および表1参照）。

天皇を支えた女性たち

以上見てきたように、戦国時代の天皇家は、「お内裏様とおひな様」という夫婦の形態をとっていなかった。天皇の実質的なキサキの立場にあったのは、「従者」でもある後宮女房たちである。

しかし女房たちは、たんに「天皇の子どもを生む存在」として位置づけられていたわけではない。彼女たちには、後宮内外において、さまざまな役割が課せられていた。とくにこの時代にいたって、朝廷と外部、中でも武家との交渉時に、女房が使者として派遣されるようになったことは、注目に値しよう。

このおり、後宮女房はたんなるメッセンジャーではなく、問題解決に向けての調整・交渉といったより実質的な役割を果たしている。一般的に、このような役割は、武家伝奏という役目の公家が担うものである。当時の後宮女房には、武家伝奏と同様な役目も課されており、政治的なはたらきをも期待されていたことが興味深い。

〔主要参考文献〕

今谷明『戦国時代の貴族―「言継卿記」が描く京都―』（講談社学術文庫、二〇〇二年、初刊一九八〇年）
奥野高廣『戦国時代の宮廷生活』（続群書類従完成会、二〇〇四年）
神田裕理「織豊期の後宮女房―職掌と活動」（神田裕理『戦国・織豊期の朝廷と公家社会』校倉書房、二〇一一年、初出一九九七・一九九八年）
日向志保「ガラシャ改宗後の清原マリアについて」（『織豊期研究』一三号、二〇一一年）
脇田晴子『日本中世女性史の研究―性別役割分担と母性・家政・性愛―』（東京大学出版会、一九九二年）

4

世俗権力に左右される門跡寺院

【門主は天皇家・公家・武家の子弟】

生駒哲郎

時の権力者と門跡

門跡《もんぜき》寺院とは、天皇の皇子たちや摂関家《せっかんけ》の子どもたちが入る特別な寺院をいう。

中世において真言宗《しんごんしゅう》では、醍醐寺《だいごじ》（京都市伏見《ふしみ》区）の三宝院《さんぼういん》門跡（同前）、天台宗《てんだいしゅう》では、比《ひ》叡山延暦寺《えいざんえんりゃくじ》（滋賀県大津市）の青蓮院《しょうれんいん》（京都市東山区）・妙法院《みょうほういん》（同前）・梶井《かじい》門跡（京都市左京区）、同じ天台宗の園城寺《おんじょうじ》（滋賀県大津市）では、実相院《じっそういん》（京都市左京区）・聖護院《しょうごいん》（同前）・円《えん》満院《まんいん》門跡（滋賀県大津市）、そして南都では、東大寺（奈良市）の東南院《とうなんいん》門跡（同前）、興福寺《こうふくじ》（同前）の一乗院《いちじょういん》（同前）・大乗院《だいじょういん》門跡（同前）などが知られている。

こうした門跡寺院の住職は「門主《もんしゅ》」や「院主《いんす》」などといわれた。

天皇の皇子である親王《しんのう》のなかでも、門跡寺院に入った親王を「法親王《ほっしんのう》」という。そのなかでも、真言宗の仁和寺《にんなじ》（京都市右京区）に入った法親王は、「御室《おむろ》」と呼ばれ、法親王のなかでも特別な存在であった。

平安時代以降、鎮護《ちんご》国家《こっか》の祈りや五穀豊穣《ごこくほうじょう》の祈りなどの国家規模の仏事や天皇家や公家たちの加持祈禱《かじきとう》などは、東大寺・興福寺・延暦寺・園城寺（「四箇大寺《しかだいじ》」といわれた）の大寺院内の門跡寺院や、仁和寺御室や東寺一長者《とうじいちのちょうじゃ》が主となり修《しゅう》されたのである。

京都の東寺は、他の寺院と異なり、同寺の頂点に立つ「東寺一長者」は、仁和寺か醍醐寺のどちらかの門跡僧から選出されて補任《ぶにん》された。

古代以来、日本において、王法《おうぼう》と仏法《ぶっぽう》とは「相依《そうい》」（もちつもたれつの関係）するものであると考えられた。それは、極端にいえば「仏法なくして、王法はありえない」という思想であった。

王法の頂点に君臨するのが天皇であり、仏法＝仏教の頂点に君臨するのも天皇であった。王法の頂点に君臨する天皇は、護国仏教の頂点でもあったのである。しかし、実際、仏法の頂点としての存在は、天皇の分身としての法親王、なかでも御室であった。したがって、御室をはじめ門跡は、仏教界ではない世俗の権力と表裏一体の面があった。

九世紀中頃に摂関政治が始まると、摂関家の子どもたちが寺院に入り門跡を形成した。さらに、摂関家が入った門跡寺院に天皇の皇子が法親王として入り、門跡寺院は複雑な様相を呈した。

また、天皇が皇子に皇位を譲った後も、上皇として権勢をふるった院政期（十一世紀末〜十二世紀末）においては、上皇の孫（後に「孫皇親王《そんのう》」と呼ばれる）として、門跡寺院に入った法親王がいた。武家では、室町幕府の第三代将軍足利義満《あしかがよしみつ》（一三五八〜一四〇八）の時代、義満の子弟が門跡寺院に入っている。

出家というと、世俗を離れて仏門に入るという印象があるが、門跡寺院は、第二の栄華という側面があった。天皇の皇子や摂関家の子弟たちによって、華やかな世界が門跡寺院では展開されたのである。

しかし、それは決して世俗的という面でのみ語れるものではない。「天皇の治める国の仏教＝護国仏教の担い手が門跡寺院である」という観念が基調にあることは、念頭に置いて考えなければならない。

つまり、時の権力者は誰か、それに左右されるのが門跡であったのである。

天皇が保持していた権威、権力、権限などが、摂関家や武家などに分散されれば、それに即応して門跡寺院にも摂関家や武家の子弟が入った。それは、仏教界における摂関家や武家の役割を担ったのが、摂関家・武家出身の門跡寺院の門主・院主であったといえるのかもしれない。

ただそれは、天皇を中心に考えないと理解できない関係でもある。

それでは、天皇・公家・武家という関係のなかで、室町幕府の権力が衰退していく戦国・織豊期《しょくほう》(十五世紀末〜十六世紀末)の門跡の実像はどうであったのか。本稿では、「世俗の権力と密接な門跡」という視点で整理したい。

摂関家・征夷大将軍と門跡

室町幕府三代将軍の足利義満は、後円融《ごえんゆう》天皇と姻戚《いんせき》関係にあった。義満の母紀良子《きのよしこ》は、後円融天皇の母崇賢門院《すうけんもんいん》と姉妹で、順徳《じゅんとく》天皇の血を引く女性である。また、義満は、摂政の二《に》条《じょう》良基《よしもと》と密接な関係も築いていた。

したがって、義満は摂関のような立場で朝廷政治に深く携わり、征夷《せいい》大将軍《たいしょうぐん》のみではなく、太政大臣《だじょうだいじん》にまで昇進した。さらに、義満は、仏教界においても多くの門跡寺院に自分の子を入寺させた。

義満の子で門跡寺院に入った僧として最も有名なのは、三男の義円《ぎえん》であろう。義円は、天台宗比叡山延暦寺の門跡である青蓮院に入り、天台宗の頂点である天台座主《ざす》まで務めた。しかし、その後、彼は還俗《げんぞく》(出家した者が俗世間に戻ること)させられ、足利義教《よしのり》として第六代室町幕府将軍(在職一四二八〜四一)になった。

義教は、石清水八幡宮《いわしみず》（京都府八幡市《やわた》）のくじ引きによって決まった将軍としても有名である。他の候補は、梶井門跡《かじい》（天台宗延暦寺）の義承《ぎしょう》、大覚寺門跡《だいかくじ》（真言宗）の義昭《ぎしょう》、相国寺《しょうこくじ》（臨済宗《りんざいしゅう》、京都五山、将軍家菩提寺《ぼだいじ》）の虎山永隆《こざんえいりゅう》であった。

候補者たちは、いずれも義満の出家した子どもたちであった。虎山永隆が入寺した相国寺は足利将軍家の菩提寺であったが、その他の義満の子である義円・義承・義昭はいずれも門跡寺院に入っていた。今まで天皇家や摂関家が入っていた門跡寺院に、義満の子どもたちが入寺できた理由としては、義満の母が天皇家の血筋であることが大きい。

なぜなら、以降の歴代将軍の子どもたちは、これらの門跡寺院に入っていないからである。

ところで、将軍を決めるくじ引きの評議には、醍醐寺三宝院門跡の満済《まんさい》（一三七八～一四三五）も加わっている。満済も義満との関係で三宝院門跡に入った。満済は二条良冬《にじょうよしふゆ》を祖とする今小路基冬《いまのこうじもとふゆ》の子で、母親が義満の御台所《みだいどころ》である日野業子《ひのなりこ》に仕えていた縁で、義満の猶子《ゆうし》（養子）となったといわれている。

青蓮院門跡などとは異なり、満済以後、醍醐寺三宝院門跡は、室町将軍家と摂関家と密接な関係を築くことになる。したがって、満済の先例を踏まえないと、実は、戦国・織豊期の三宝院門跡は理解できないといっても過言ではない。

醍醐寺三宝院門跡の系譜

それでは、『諸門跡譜《しょもんぜきふ》』という史料で、「醍醐寺中興の祖」といわれる満済以降の三宝院門跡を確認すると次のようになる。

・**義賢《ぎけん》**（一三九九〜一四六八）足利満詮《みつあきら》の子、征夷大将軍足利義詮《よしあきら》の孫
・**政深《せいじん》**（?〜一四六九）近衛房嗣《このえふさつぐ》の子、摂政近衛兼嗣《かねつぐ》の孫、征夷大将軍足利義教の猶子
・**義覚《ぎかく》**（一四六八〜八三）征夷大将軍・太政大臣足利義政《よしまさ》の子、足利義教の孫
・**政紹《せいしょう》**（?〜一四九〇）関白九条《くじょう》政忠《まさただ》の子
・**持厳《じごん》**（?〜一五一〇）今小路師冬《もろふゆ》の子、関白二条持通《もちみち》の猶子
・**義尭《ぎぎょう》**（一五三五〜九五）関白九条政基《まさもと》の子、関白九条満家《みついえ》の孫、征夷大将軍足利義植《よしたね》の猶子
・**義演《ぎえん》**（一五五八〜一六二六）関白二条晴良《はれよし》の子、征夷大将軍足利義昭《よしあき》の猶子

この史料をみると、歴代門主の出身として、摂政・関白・征夷大将軍関係者にこだわりがあることがわかる。

満済の弟子であった義賢は、足利義満の弟である満詮の子である。この史料の記載は、満詮の子というよりは、征夷大将軍足利義詮の孫ということが強調されているといえよう。
義賢の次の政深（史料には宝徳《ほうとく》元年〈一四四九〉十二月十五日、十三歳で入室とある）は、関白近衛房嗣の子で、摂政を務めた近衛兼嗣の孫であることが強調されている（『尊卑分脈《そんぴぶんみゃく》』の系図では兼嗣の曾孫《そうそん》）。また、政深は、第六代将軍足利義教の猶子となっている。次の義覚は、第八代将軍足利義政（一四三六〜九〇）の子で、義教の孫である。

この義覚を最後に、歴代将軍の子は、三宝院の歴代にはなっていない。

義賢以降の歴代については、『諸門跡譜』の記載をみると、摂関の子が就任し、歴代将軍の猶子となっている傾向にある。こうした傾向は、やはり満済が影響している。

それは、満済が幕府の護持僧《ごじそう》を務めていたからである。その先例から、三宝院の歴代は幕府の護持僧を務めることが多い。このことと、歴代将軍の猶子となることは関係していたのである。

しかし、歴代の三宝院門跡の出身については、「そういう傾向にある」ということの指摘にとどまる。なぜなら、摂関や将軍ともに子どもの人数に左右されたからである。子どもがいなければ門跡寺院に入寺させることはできない。

したがって、醍醐寺三宝院は摂関の子が入り、室町将軍の猶子となる傾向にあるということなるのである。なにより、門跡に入った後は、僧としての資質も問題となった。『諸門跡譜』の記載で最後に挙げた義演は、二条晴良の子であった。実兄の二条昭実《あきざね》は関白を務めていた。義演は、最後の将軍足利義昭の猶子にもなっていた。また、豊臣秀吉も義演に対しては好意的に接した。

秀吉は、天正《てんしょう》十三年（一五八五）七月十一日、関白に任官された。秀吉は関白になるにあたって、近衛前久《さきひさ》の猶子となった。秀吉は近衛家の猶子として関白に就任したが、その結果、義演の実兄昭実は関白職を辞任することになった。

秀吉は、そのかわり義演に対し准三后宣下《じゅさんごうせんげ》を推挙したのであった。

義演にとって、准三后宣下は栄誉なことであった。准三后は太皇太后《たいこうたいごう》・皇太后・皇后の三《さん》后《こう》（三宮《さんぐう》）に准《じゅん》じる待遇を得ることであった。しかも、三宝院門跡で、准三后に宣下されたのは、満済と義賢だけであった。醍醐寺座主にもなる義演は同じく座主まで務めた満済を強く意識していた。

この出来事を機会に、准三后宣下を推挙した秀吉と義演とは、密接な関係が続いたのである。

義演は門跡をどうとらえていたのか

秀吉と密接な関係を築いていた義演は、『五八代記《ごはちだいき》』の著者としても知られている。『五八代記』の「五八」とは、五×八＝四〇という意味である。義演は自身を三宝院門跡の「第四十代」としている。つまり、『五八代記』とは、義演までの三宝院の歴代を記した記録という意味である。

この『五八代記』をとおして、義演が三宝院門跡をどうとらえていたかをみたい。同記の満済以降の歴代の記載をみると次のようである。

第三十一代　満済、第三十二代　義賢、教済《きょうさい》（一条前関白の息、征夷大将軍足利義教の猶子）、政深、義覚、政紹、持厳、第三十三代　重賀《じゅうが》（重冬入道の実孫）、第三十四代　賢深《けんじん》（中山大納言定親《さだちか》の子）、第三十五代　澄恵《ちょうえ》（大江親重《ちかしげ》の子）、第三十六代　源雅《げんが》（中山中納言宣親《のぶちか》の子）、第三十七代　義堯、第三十八代　深応《じんおう》（大江光重《みつしげ》の子）、第三十九代　雅厳《がごん》（飛鳥井《あすかい》従一位《じゅいちい》大納言雅綱《まさつな》）、第四十代　義演となっている。

義演による歴代の記載でまず気がつくのは、代数を記した歴代とそうではない歴代がいるということである。義演は満済を第三十一代としているので、記載された人数からすると、義演は第四十代ではなく第四十五代ということになる。また、『諸門跡譜』にはみられない歴代が、『五八代記』には記載されている。

それでは、義演が代数を付さなかった歴代をみると、『五八代記』には注記があり、早世などの現実的理由もあるが、一貫して「門跡は相承《そうじょう》したが、法流は相承していない」ということが歴代に数えない理由であることがわかる。

つまり、義演にとっては、摂関の子や、室町将軍の子という世俗の理屈ではなく、真言密教の秘儀《ひぎ》伝授《でんじゅ》が師僧からなされているか、つまり法流を引き継いでいるか、ということが門主として重要であったのである。

また、『諸門跡譜』には記載がないが、『五八代記』に歴代として記載のある僧は、第三十三代重賀・第三十四代賢深・第三十五代澄恵・第三十六代源雅・第三十八代深応・第三十九代雅厳で、摂関や室町将軍の子でないことは歴然である。

義演は摂関・将軍関係者ではない歴代について、「法流・血脈は相続している」「身分による相承を論ぜず」（第三十三代重賀の項）と記し、やはり、義演にとっては出自より法流の継承、つまり「師資《しし》相承《そうじょう》」（師から弟子への法流の伝授）が重要であったことがわかる。

つまり、三宝院門跡内では、法流の継承という平安時代からの伝統が織豊期にもしっかりと意識されていたことがわかるのである。

義演は、関白二条晴良の子で、足利義昭の猶子にもなり、兄の昭実は、父と同じ関白を務めていた。兄が関白を退いてからは、秀吉が後ろ盾となった。義演は出自的には申し分なく、三宝院門跡の法流についても正統的に継承していた。ある意味完璧《かんぺき》であった。そうした自負を、『五八代記』の記載から読み取ることができるのである。

義演の具体的活動をみると、天正十八年（一五九〇）には、兄（同父母）である鷹司《たかつかさ》信房《のぶふさ》（鷹司家を再興する）の男子誕生祈願の加持祈禱を行っている（同年四月に男子誕生。後に家督を継ぐ信尚《のぶひさ》）。

また、天正二十年（一五九二）六月には、秀吉のため朝鮮出兵（文禄の役《ぶんろくのえき》）の無事を目的に東寺講堂で「仁王経大法《にんのうきょうだいほう》」を修している。さらに、同年七月には正親町《おおぎまち》上皇の息子で早世した陽光院《ようこういん》の七回忌仏事を上皇の仰せによって仙洞御所《せんとうごしょ》（上皇の住居）で執行《しぎょう》したのである。

まさに、義演は、個人のための祈禱のみならず、秀吉（武家）や天皇家の仏事にも主体的に携わった。それは、義演が法流を正統的に継承しているという僧としての力量（験力《げんりき》）が周囲に認められていたからにほかならないのである。

興福寺一乗院と近衛家

醍醐寺三宝院門跡をとおして摂関家・室町将軍出身の門跡僧についてみてきたが、次に奈良の興福寺にある一乗院門跡について検討したい。

一条院門跡については、最後の室町将軍の第十五代足利義昭（一五三七～九七）が、還俗する前に僧名覚慶《かくけい》として入寺していたことで有名である。覚慶は第十三代将軍足利義輝《よしてる》（一五三六〜六五）の死去にともない還俗した。しかし、そもそも、興福寺は藤原氏の氏寺である。覚慶の父は第十二代足利義晴《よしはる》（一五一一〜五〇）であり、したがって覚慶は源氏である。

すると、戦国・織豊期には、興福寺は藤原氏の氏寺という性格に変化が生じたのであろうか。どうもそうではなかった。

覚慶の母は、近衛尚通《ひさみち》の娘慶寿院《けいじゅいん》であった。また、覚慶は、一乗院門跡に入寺するにあたって、近衛尚通の猶子になったともいわれている。つまり、覚慶は、母方の血筋で一乗院門跡に入っていたのである。

一乗院は、覚慶の母が近衛尚通の娘であったように、藤原氏のなかでも「五摂家《ごせっけ》」という、藤原摂関家の流れから分かれた近衛家の関係者が多く入っていた。覚慶の後、一乗院門跡の門主となる尊勢《そんぜい》は、秀吉が猶子となった近衛前久の子であった。

尊勢の後、将軍のみではなく、法親王も一乗院門跡に入った。一乗院の門主となる尊覚《そんかく》法親王は、後陽成《ごようぜい》天皇の子であるが、母は、近衛前久の娘前子《さきこ》であった。つまり、尊覚法親王は、覚慶と同じく母方の血筋で一乗院門跡に入ったともいえよう。

ただし、尊覚が入寺したのは、江戸時代に入った元和《げんな》四年（一六一八）十二月十六日のことであった。

第十五代将軍となる覚慶や尊覚法親王の入寺は、藤原氏の氏寺という面でみると、確かに一乗院門跡の変化ととらえることができる。しかし、母方の血筋ということでは、やはり五摂家のなかでも近衛家が入寺するのが一乗院門跡であったという見方も可能であろう。

法親王と門跡

これまで摂関家と室町将軍家を中心にみてきたが、天皇家と門跡との関係はどうであったのか。

正親町天皇（一五一七〜九三）は、皇子に恵まれなかった。陽光院（誠仁《さねひと》）は正親町天皇から譲位される前に薨去《こうきょ》してしまったのである。この陽光院の皇子たちは、正親町天皇の「皇孫」であることによって、門跡寺院に入ることができた。

陽光院の皇子は、大覚寺門跡空性《くうしょう》、曼殊院《まんしゅいん》門跡（天台宗延暦寺）良恕《りょうじょ》、聖護院門跡興意《こうい》である。

一方、皇族では、伏見宮邦輔《ふしみのみやくにすけ》の子どもたちが門跡に入った。妙法院門跡常胤《じょういん》、青蓮院門跡尊朝《そんちょう》、梶井門跡最胤《さいいん》が邦輔の子である。

注目すべきは、常胤・尊朝・最胤は、いずれも正親町天皇の猶子になっていることである。そういう意味では、正親町天皇の皇子として門跡に入ったのは、真言宗大覚寺門跡、天台宗延暦寺の妙法院・青蓮院・梶井殿・曼殊院（もともとは青蓮院の脇門跡《わきもんぜき》）、天台宗園城寺の聖護院門跡ということになる。

それでは、後陽成天皇（一五七一～一六一七）はどうであったか。

仁和寺御室覚深《かくじん》、梶井門跡承快《しょうかい》・慈胤《じいん》、大覚寺門跡尊性《そんしょう》、妙法院門跡尭然《ぎょうねん》、知恩院《ちおんいん》門跡（浄土宗《じょうどしゅう》）良純《りょうじゅん》、一乗院門跡尊覚、聖護院門跡道晃《どうこう》、照高院《しょうこういん》門跡（天台宗園城寺）道周《どうしゅう》が、後陽成天皇の皇子である。

正親町天皇の法親王たちと比較して、後陽成天皇の皇子たちが入った門跡寺院には、変化がみられる。両天皇で皇子の人数が異なるし、各門跡寺院で門主の在任期間が異なるなど、両天皇の皇子たちが入る門跡寺院が同じでないのは当然である。

ただし、歴代の天皇の皇子が入寺することがなかった門跡に、後陽成天皇の皇子たちは入っている。それらが、知恩院門跡、照高院門跡、一乗院門跡であった。

知恩院（浄土宗）は、新たに門跡となったばかりであった。その初代として良純が門主となったのである。

また、秀吉は近衛前久の猶子になり関白に就任した後に、秀吉の発願《ほつがん》による東山大仏殿の初代住持として、前久と兄弟であった聖護院門跡の道澄《どうちょう》を任命した。照高院は、道澄が聖護院から同院に移り住んだことを機に門跡化したのである。

さらに、前久の娘前子の子である尊覚法親王が、興福寺の一乗院に入ったのは前述したとおりである。

このようにみると正親町天皇の時までは、皇子たちが入寺した門跡寺院は、真言宗では仁和寺御室、大覚寺、天台宗では山門（延暦寺）の妙法院、青蓮院、梶井殿、曼殊院の各門跡、寺門（園城寺）では聖護院（照高院も含む）というように大括《おおぐく》りができそうである。

つまりは、次代の後陽成天皇の時には、真言・天台宗の門跡に、浄土宗の知恩院、法相《ほっそう》宗《しゅう》興福寺の一乗院が加わったということになるのである。

江戸幕府と門跡

後陽成天皇の法親王たちが活躍した時期は、織豊期から江戸時代への移行期（十六世紀末〜十七世紀初め）であった。そのため、初期江戸幕府と門跡との関係についても触れなければならない。

近世の門跡については、杣田《そまだ》善雄《よしお》氏の研究に詳しい。氏の指摘によると、江戸幕府にとっての門跡とは、皇族・摂関家の子息の処遇問題でしかなかったという。

したがって、尊覚が近衛家出身という母前子の血筋で、本来藤原氏の氏寺である興福寺の一乗院門跡に入った理由もそうした点を考慮する必要がある。さらに、江戸幕府は門跡にも規制を設けた。世襲親王家（親王の身位を保持し続ける宮家）の門跡に対する親王宣下《しんのうせんげ》には、制限が加えられたのである。それは、宮家の増加を抑制したい江戸幕府の政策の一環であった。

　そのため、門跡寺院には天皇家と摂関家の子息のみしか入れなくなった。後陽成天皇の皇子たちが活躍した時期に、入寺する門跡の数が増えたことは、幕府の政策と無関係ではあるまい。

　つまり、先代の正親町天皇の時にみられた世襲親王家のひとつ、伏見宮家出身の妙法院門跡常胤・青蓮院門跡尊朝・梶井門跡最胤などの存在は、実現が難しい状況となったのである。

　また、徳川家康の死が、天台宗系の門跡の地位を崩すことになった。

　元和二年（一六一六）四月十七日に、家康は駿府《すんぷ》城で七十五年の生涯を閉じた。家康の葬儀は、天台宗延暦寺系の門跡ではなく、家康の側近として、初期幕府の朝廷・宗教政策に関与した南光坊天海《なんこうぼうてんかい》の主導で進められた。

　家康は、秀吉が「豊国大明神《ほうこくだいみょうじん》」として祀《まつ》られたように、「東照大権現《とうしょうだいごんげん》」として日光山《にっこうざん》（栃木県日光市）に祀られることになったのである。

　家康は神に昇格したため、本来的には仏教での葬儀は行う必然性がないことになる。京都の朝廷などでは、神になったということは祝福すべきことなので、物忌《ものい》みなどが行われなかった。しかし、家康の菩提寺である浄土宗の増上寺《ぞうじょうじ》（東京都港区）で、家康の四十九日法要が急遽《きゅうきょ》執り行われることになった。

しかし、京都の門跡寺院全体には、その法要の情報が幕府から正式には伝えられなかったのである。理由は「将軍家の内々だから」ということであった。京都の門跡は、江戸幕府に問い合わせをするという事態になった。つまり、門跡と武家との立場が逆転してしまったのである。

しかも、曼殊院門跡の良恕は、自分も仏事に参加できるよう幕府に懇願までしているのである。

延暦寺から寛永寺へ

元和三年（一六一七）三月十五日、家康の霊柩《れいきゅう》は、久能山《くのうざん》（静岡市駿河区《するがく》）を出発し、日光山に向かった。途中、江戸には寄らず、喜多院《きたいん》（埼玉県川越市《かわごえし》）を経由し、日光に入っている。同年四月十七日、日光の本社において、将軍秀忠《ひでただ》も列席して家康のための仏事が営まれた。その時の導師は、天海が務めたのである（天海は後に天台宗寛永寺《かんえいじ》〈東京都台東区〉住職）。

また、全国の大名は、自身の領内に家康を祀った東照宮を勧請《かんじょう》した。それは、徳川将軍家への忠誠の証《あかし》でもあった。家康は、「山王一実神道《さんのういちじつしんとう》」という仏と神を一体として信仰する神《しん》仏習《ぶっしゅう》合《ごう》思想に基づき、「東照大権現」として祀られていた。

したがって各地の東照宮には、「別当寺《べっとうじ》」という仏教の寺院が併設されたのである。これらの別当寺は、寛永寺の末寺となった。これをきっかけに全国の天台宗の寺院は、延暦寺から寛永寺の末寺へと変わっていった。

さらに、天海は、早くから江戸に門跡寺院を創建する構想があった。天海の死後は、弟子の公海《こうかい》が寛永寺の住職となったが、正保《しょうほう》四年（一六四七）には、後陽成天皇の孫（後《ご》水《みずの》尾《お》天皇の皇子）である尊敬《そんけい》（後に守澄《しゅちょう》）法親王が寛永寺に入った。

尊敬は、承応《じょうおう》三年（一六五四）に、公海から寛永寺住職を譲られ、翌年、尊敬には「輪王《りんのう》寺《じ》門跡《もんぜき》」が朝廷から勅賜《ちょくし》されたのである。

輪王寺は日光山の麓に建立されたが、門主は日常的には江戸の寛永寺に住《じゅう》していた。そのため、寛永寺と延暦寺の力関係は完全に逆転したのである。天台宗の門跡も、延暦寺の門跡寺院から寛永寺の輪王寺門跡へとその力関係も移行するのである。

輪王寺門跡は、神仏習合思想に基づく日本の総鎮守である「東照大権現」を祀る門跡となったのである。

このように、江戸時代初期に中世からの門跡の秩序は変化したのである。ただ、「東照大権現」を祀る日光山に創建された輪王寺が、「門跡」であったことは重要である。家康の神格化には、天皇の権威が必要不可欠であった。その担い手が輪王寺の門跡だったのである。「東照大権現」を祀る日光山は、天皇とも「門跡」をとおして密接であったからこそ、日本の総鎮守であった。つまり、江戸時代初期に門跡が形骸化《けいがいか》したわけでは決してないのである。その意味では、天台宗の門跡を輪王寺門跡に一元化しようとする江戸幕府の政策とみることができよう。

武家の動向と門跡寺院

本稿では、戦国・織豊期の門跡を、天皇・摂関家・武家という視点から概観した。とはいっても、後陽成天皇の皇子という点からは、江戸時代も視野に入れないと理解できない。したがって、江戸時代初期についても触れた。

考えてみれば、室町時代に幕府が京の都に開かれたために、門跡は大きく変化した。具体的には、室町幕府の三代将軍足利義満の時であった。さらに、次の大きな変化は、江戸に幕府が開かれた時であった。鎌倉幕府以来、関東に幕府が戻ることによって、門跡の権威も関東に移るという結果になったのである。

したがって、門跡寺院に入寺したのは天皇家や摂関家などの子息が主であったが、中・近世をとおして門跡寺院は武家の動向に常に左右されたのである。

〔主要参考文献〕

五味文彦・菊地大樹編『中世の寺院と都市・権力』（山川出版社、二〇〇七年）
河音能平・福田榮次郎編『延暦寺と中世社会』（法蔵館、二〇〇四年）
杣田善雄『幕藩権力と寺院・門跡』（思文閣出版、二〇〇三年）
日本史史料研究会編『秀吉研究の最前線―ここまでわかった「天下人」の実像―』（洋泉社歴史新書y、二〇一五年）
藤井雅子『中世醍醐寺と真言密教』（勉誠出版、二〇〇八年）

【第2部】 家門・一族の存続をはかる公家たちの知恵

5　公家の生活基盤を支えていたものは何か

【荘園経営と公家の家僕】

菅原正子

戦国時代の荘園

荘園は、平安時代後期（十一世紀）から戦国時代（十六世紀）にかけて、天皇家・公家・大寺社等を領主とした私的な所領で、これらの重要な経済的基盤であり、朝廷の各官庁や幕府の将軍家も荘園の領主であった。

中世の税のあり方は現代とは異なっており、政府である朝廷（天皇家）や幕府（将軍家）も、基本的には所領の荘園からの収入によって運営されていたのである。

中世の荘園では、百姓らが荘園の田畠《でんぱた》を耕作して収得した物の一部を年貢や公事《くじ》（年貢以外の諸課役《かやく》）として領主側に納め、その一部は幕府から荘園の地頭《じとう》に補任《ぶにん》された現地の武士の収益にもなった。

十四世紀の南北朝時代以降、室町幕府の政治的な力が強まると、幕府が任命する各国の守護《しゅご》の荘園への介入が増加した。守護は戦乱の時には「半済《はんぜい》」と称して荘園の年貢の半分を軍事費として徴収し、やがて荘園では現地の武士らに年貢を横取りされるケースが多くなっていく。

明応《めいおう》二年（一四九三）に室町幕府の管領細川政元《かんれいほそかわまさもと》がクーデターを起こし（戦国時代の始まり）、将軍足利《あしかが》家の権力が弱まっていくと、地方では戦国大名の独立化が進んで領国《りょうごく》（分国《ぶんこく》）が形成され、地域の武士（国人領主《こくじんりょうしゅ》）は戦国大名の配下に組み込まれていった。

さらに、各地域では村・郷を単位とした村落（惣村《そうそん》という）の自治組織による村落運営が発達した。これら大名領国・惣村の発展により、地方の荘園は消滅していくのである。

この戦国時代において荘園公領《こうりょう》制（公領は荘園ではない国衙《こくが》領のことで、荘園と公領から構成されている中世の所領体制のことを意味する）は存続していたのか、あるいは解体・崩壊したのか、という議論がある。また、荘園と惣村との関係についても、さまざまな解釈が存在する。

いずれにせよ、この時期の十六世紀は中世から近世へと移行する転換期であり、近世も視野に入れた多様な観点から考える必要がある。

荘園のなかでもっとも研究が多いのは、東寺・東大寺・大徳寺など大寺院の荘園で、史料の残存状況にも左右されている。東寺領の場合、「東寺《とうじ》百合文書《ひゃくごうもんじょ》」と呼ばれている百の桐箱に収められていた約二万四千点の古文書がある（二〇一五年十月にユネスコの世界記憶遺産に登録された）。戦国時代の荘園では、斑鳩寺《いかるがでら》（兵庫県揖保《いぼ》郡太子町《ぐんたいしちょう》）所蔵の記録『鵤荘引付《いかるがのしょうひきつけ》』による法隆寺領鵤荘に関する研究が多い。

室町・戦国時代の公家領荘園については、公家の日記・記録を使った研究が多く、三条《さんじょう》西実隆《にしさねたか》の日記『実隆公記』、山科《やましな》家代々の当主の日記、近衛《このえ》家の陽明文庫所蔵『雑事要録《ざつじようろく》』『雑々記』等を使った、各家《け》領《りょう》の研究がある。また、古文書の「久我《こが》家文書」による久我家領の研究もある。

個別の荘園では、九条政基《くじょうまさもと》の日記『政基公旅引付《たびひきつけ》』による和泉国日根荘《いずみのくにひねのしょう》（現在の大阪府泉《いずみ》佐野《さの》市）の研究が少なくない。しかし、これら公家領荘園の研究は、寺社領荘園にくらべて着目されることが少ないように思われる。

世の中が武家社会へと変化していくなかで、戦国時代の公家たちは、減少していく家領の荘園をどのように経営して維持しようとしたのであろうか。

山科家領の荘園の場合

公家領荘園の具体的な例として、中流公家の山科家の場合を取り上げよう（菅原：一九九八・二〇〇七）。

山科家の祖は後白河《ごしらかわ》上皇（一一二七～九二）の近臣であった藤原実教《さねのり》で、実教の猶子《ゆうし》となってあとを継いだ教成《のりしげ》は、実父は後白河上皇近臣の平業房《たいらのなりふさ》、実母は高階栄子《たかしなのえいし》であった。栄子は夫の業房の没後に後白河上皇の側室となり、丹後局《たんごのつぼね》と呼ばれた。

栄子が建久《けんきゅう》三年（一一九二）三月の後白河院庁下文《くだしぶみ》によって与えられた所領二十一カ所のうち、その後山科家に伝わった所領は、山城国山科東荘《やましろのくにやましなひがしのしょう》・播磨国下揖保荘《はりまのくにしもいぼのしょう》・備前国居都荘《びぜんのくにこづのしょう》・備中国英賀荘《びっちゅうのくにあがのしょう》・水田郷《みずたごう》・同荘呰部郷《あざえごう》・美濃国尼寺荘《みののくにあまでらのしょう》・阿波国《あわのくに》一宮・信濃国《しなののくに》住吉荘・遠江国《とおとうみのくに》西郷の九カ所である。

荘園の管理・収益権は、身分階級や職務によっていくつもの職《しき》に分かれており、領主階級の職には、最上級の「本家《ほんけ》職《しき》」と、実際に荘園を管理・経営する「領家《りょうけ》職《しき》」があった。山科家は一般的な公家と同様に、これらの荘園の領家職を持っていた。

領家職の下には「預所《あずかりどころ》職」や「代官職」が置かれる場合があり、荘園現地の職には「地頭職」「下司《げし》職」「名主《みょうしゅ》職」などがあった。荘園は、これらの重層的な職によって管理・運営・収納等が行われていたのである。

山科家が、十四世紀の南北朝時代に朝廷の内蔵寮《くらりょう》（天皇の宝蔵を管理し、天皇の食料・衣服・調度品等を調進する役所）の長官である内蔵頭《くらのかみ》を世襲するようになると、内蔵寮領の洛中《らくちゅう》御《み》倉町《くらちょう》・近江国菅浦《おうみのくにすがうら》なども山科家の所領になった。また、南北朝時代から室町時代前期（十五世紀）にかけて新たに家領に加わった所領もある。

山科家は将軍足利義満《よしみつ》（一三五八～一四〇八）にも近侍《きんじ》しており、所領の獲得には上皇・将軍など時の権力者との密接なつながりが関係していた。

室町・戦国時代（十四～十六世紀）の山科家領の経営については、山科家当主の日記『教言卿記《のりとききょうき》』『言国卿記《ときくにきょうき》』『言継卿記《ときつぐ》』と、同家の家僕《かぼく》（家来、家臣）大沢《おおさわ》氏の日記『山科家礼記《けらいき》』など豊富な日記史料があり、これらは活字化・刊行されている。このほかにも、山科家領関係の古文書が宮内庁書陵部、国立公文書館内閣文庫、国立歴史民俗博物館所蔵「田中穣氏旧蔵典籍古文書」などにある。

これらの史料によれば、山科家領からの収入は、室町前期の十五世紀初めでは比較的に安定した状態であったが、戦国期には収入が大きく減少している。

また、年貢等が納入されて知行が継続している所領の数は、応永《おうえい》十三年（一四〇六）には十九カ所であったが、応仁《おうにん》の乱《らん》（一四六七～七七年）後の文明《ぶんめい》十二年（一四八〇）には十三カ所、文亀《ぶんき》元年（一五〇一）にはさらに減って八カ所になっている。

このように、山科家領は十五世紀中ごろから不知行化が進み、荘園等からの収入は大きく減少していったのである。

しかし、公家の収入源は所領だけではなく、商人らへの課税も存在した。山科家の場合、朝廷の内蔵寮は「率分関《りつぶんせき》」と呼ばれる関所を京都へのいくつかの入口に設置し、商人らから通行税を徴収したが、これが内蔵頭の山科家の収入になった。

また山科家は、内蔵寮御厨子所《みずしどころ》（朝廷の台所）管轄下の供御人《くごにん》（天皇の食料を納める人）・商人に営業の特権を与え、その代わりに彼らから公事銭《くじせん》などを徴収した。これらの供御人・商人からの税収入は、戦国時代においては山科家の貴重な収入源になった。

京都近郊の荘園の経営──山城国山科東荘

山科家はどのように荘園を経営していたのであろうか。まず、京都近郊の荘園である山城国山科東荘（現在の京都市山科区）の場合を明らかにしよう。

山科東荘は、高階栄子が後白河上皇から譲られた時には「小野荘」と呼ばれていたが、その後小野荘は東と西に分かれ、小野東荘が鎌倉時代後期（十四世紀初期）には「山科東荘」と呼ばれていた。この「山科」が山科家の家名になった。山科東荘は、山科の七郷のうち大《おお》宅郷《やけごう》の地にあたる。

鎌倉末期に山科東荘の住人であった道禅《どうぜん》は、山科家の雑掌《ざっしょう》（荘園の訴訟・文書作成などの担当者）を務めていたことが古文書からわかる。その子孫は大沢氏を称して山科家の青侍《あおざむらい》（侍身分の家僕）として活動し、山科東荘の代官職にも任じられた。

代官は、百姓から年貢等を徴収して領主に納入し、その年貢の何分の一かを得分《とくぶん》とした役職である。荘園領主が荘園を直接的に経営する方法を「直務《じきむ》」というが、家僕を代官に任じて経営する方法も「直務」である。

『山科家礼記』の筆者である大沢久守《ひさもり》は、山科東荘の代官を務めるとともに、山科家領経営の所務（所領関係の事務）を統括する「世務《せいむ》」の地位にも就き、山科家領の経営に従事した。久守は明応二年（一四九三）に老齢を理由に「世務」を子の重致《しげむね》に譲り、同七年に六十九歳（数え年）で没している。

大沢久守は、応仁の乱（一四六七〜七七年）の時には山科東荘の在地武士として戦った。応仁元年（一四六七）に幕府管領の細川勝元《かつもと》らの東軍と山名《やまな》宗全《そうぜん》らの西軍が京都で合戦を開始すると、久守は細川勝元の要請により、山科郷民を率いて東軍方の一武将として戦った。久守は、山科東荘（大宅郷）の有力農民である「老衆《おとなしゅう》」を被官人化して同荘を管理した。老衆は、山科七郷の自治組織である寄合《よりあい》の老衆・中老・若衆のうち、最上層のメンバーである。

老衆の五十嵐《いがらし》氏の一族と思われる五十嵐弥五郎《やごろう》と、大宅郷の政所《まんどころ》（荘園内の所務を行う在地機関）の上田二郎九郎《じろうくろう》は、久守と大宅郷をつなぐ連絡役として大宅郷の諸事について久守に報告している。大宅郷の有力農民たちは、成人する時には久守を烏帽子親《えぼしおや》（後見人）として元服し、久守と仮の親子関係を結んだ。

また、正月四日には大宅郷の有力農民たちが京都の久守邸を訪れてお祝いをし、久守も正月七日（若菜の日）には、大宅郷に下って老衆たちと酒を飲んだ。七月のお盆の時には、久守は大宅郷にある大沢氏の菩提寺《ぼだいじ》大沢寺で焼香をした後、老衆と交流をしている。

このように、久守と山科東荘の有力農民は、仮の親子関係を結んで親しく交流しており、山科家は荘民と強いつながりのある久守に依存して山科東荘の経営を行ったのである。

公家が荘園の在地武士を家僕（家司《けいし》ともいう）にして荘園経営を行った事例は、ほかにもみられる。

摂関家の九条《くじょう》家では、家領の山城国東九条荘（現在の京都市南区）の在地武士の石井氏を同家の家僕とした。また勧修寺《かじゅうじ》家では、家領の加賀国井家荘《かがのくにいのいえのしょう》（現在の石川県河北郡津幡町《かほくぐんつばた》）の井家氏を家僕にしている。

山科家は、十六世紀には山科東荘の代官職に家僕の沢路《さわじ》氏を任じている。京都近郊の荘園では、家僕を代官に任じて「直務」経営を維持することが可能であった。

山科七郷は天文《てんぶん》十七年（一五四八）に室町幕府の所領となり、山科家には幕府方を通して山科東荘の年貢等が納められた。しかし、納入される年貢の量は減少し、さらに永禄《えいろく》年間後半（一五六〇年代後半）には年貢納入が途絶えたため、山科家は山科東荘の返還を幕府に要求し続けた。

山科家は、永禄十一年（一五六八）には上洛《じょうらく》した織田信長に訴えたが、ついに山科東荘が山科家に返還されることはなかった。

地方荘園の経営—播磨国下揖保荘

山科家は地方の荘園に対しては、どのような経営を行っていたのであろうか。播磨国下揖保荘（現在の兵庫県たつの市）の場合を取り上げてみよう。

下揖保荘は、最勝光院《さいしょうこういん》領（本家職）の揖保荘が上と下に分かれて成立した荘園で、領家職は山科家、地頭職は在地武士の島津《しまづ》氏（越前《えちぜん》島津氏）が持っていた。荘園内には南北に揖保川が流れ、たびたび洪水によって流れが変わった。

山科家は、十五世紀初めでは家僕の資親《すけちか》（坂田氏と思われる）を下揖保荘担当の奉行に任じて直務支配を行っていた。しかし、少なくとも十五世紀中ごろには、家僕ではない代官が存在していた。康正《こうしょう》三年（一四五七）から文明《ぶんめい》二年（一四七〇）の間に確認できる代官のほとんどは、丹波国《たんばのくに》・播磨国あたりの国人《こくじん》（武士）である。

文明二年に下揖保荘地頭の島津忠光《ただみつ》が代官職に就任したが、その後の代官職はこの島津氏と播磨国守護赤松《あかまつ》氏の一族の宇野《うの》氏とが、取り合って交互に就任する状態が続いた。

宇野氏は揖保川下流の塩屋《しおや》城主（現在の兵庫県たつの市）で、周辺のいくつもの荘園の代官職を持っていた。十六世紀では、永禄十年（一五六七）ごろに宇野氏が下揖保荘を押領《おうりょう》（武力で奪い取る）するまでは、島津氏が継続して代官職を持っていたようである。

下揖保荘から山科家に納められたものは、年貢銭が約六〇貫文（十五世紀の場合、現代の円に換算すると、おおよそ三百万〜四百万円になる）、土産《どさん》（土地の産物）として鮎鮨《あゆずし》・うるか（塩漬けにした鮎のはらわた）・青海苔《あおのり》、人夫役として長夫《ながぶ》（長期間、領主の家などで労働力を提供する）があった。十五世紀末ごろでは、年貢銭六〇貫文はみな納められており、地方荘園のなかでも下揖保荘の納入状況は良好であった。

このころの下揖保荘の年貢銭の納入にあたっては、公阿弥《こうあみ》という人物が山科家と代官との仲介役を務めている。この公阿弥は金融業者であったらしい。山科家は、文亀二年（一五〇二）五月に公阿弥から五貫文を借り、この五貫文に八カ月分の利子二貫四〇〇文を加えた七貫四〇〇文の下揖保荘年貢請取状を作成した。この請取状の宛名は代官の島津氏である。

公阿弥は八カ月後の同年十二月に下揖保荘から上洛して山科家に年貢を納め、そのなかから山科家の返済分七貫四〇〇文を受け取っている。つまり、山科家は公阿弥に対し、借金をして年貢の一部を返済に充てるとともに、代官からの年貢徴収も委託したのである。

このように、金融業者が荘園経営にかかわったことは、室町・戦国時代に一般的にみられた傾向であり、金融業者が代官職を請け負うこともめずらしくはなかった。このほかの山科家領では、金融業を兼業していた相国寺《しょうこくじ》聯輝軒《れんきけん》が備中国水田郷（現在の岡山県真庭《まにわ》市）の代官を務めている。

意外なことかもしれないが、この時代では金融業者からの借金は、必ずしも経済的な貧窮を意味してはいなかった。春や夏の借金に関しては、年貢の収入が米の収穫期の十月以降に限られていたことに一因があり、毎月給料が支払われる現代とは事情が異なっていた。また、このころは借金を帳消しにする徳政令《とくせいれい》がたびたび発布され、借金があたり前の状態になっていた。

その後の十六世紀の下揖保荘は、揖保川の洪水や戦乱などの影響により、山科家に納入される年貢等はごくわずかになった。弘治《こうじ》元年（一五五五）ごろには、下揖保荘に行く道がなかったという。これらは、戦国時代後半（十六世紀後半）における地方荘園の経営の難しさを物語っている。

和泉国日根荘に在国した九条政基

中世では、地方の所領に滞在することを「在国《ざいこく》」といった。

戦国時代に地方の荘園が不知行化していくと、公家のなかには地方の家領荘園に在国し、荘園を直接経営して維持しようとするものも現れた。この在国には、短期的な在国と長期的な在国とがある。

公家が家領荘園に在国した例としてよく知られているのが、元関白九条政基（一四四五〜一五一六）の和泉国日根荘在国である。政基がこの在国中に書き留めた日記が『政基公旅引付』で、在国中のことはこの日記から知ることができる。政基が日根荘に在国したのは、文亀元年（一五〇一）三月から永正《えいしょう》元年（一五〇四）十二月で、短期的な在国であった。

政基はこの在国前の明応五年（一四九六）に、九条家の家礼（摂関家等に出入りして故実等を習う者）で家司の唐橋在数《からはしありかず》を殺害するという事件を起こし、後土御門《ごつちみかど》天皇の勅勘《ちょっかん》をこうむって朝廷への出仕を禁止された。『後法興院記《ごほうこういんき》』（近衛政家《まさいえ》の日記）によれば、在数が、九条家領を独断的に運用して同家の経済を悪化させたため、政基と口論になって殺されたという。唐橋家は学者の菅原《すがわら》氏の流れで、在数は文章博士《もんじょうはかせ》・大学頭《だいがくのかみ》を務める公家でもあり、朝廷にとっては、単なる家司殺害ではすまされない事件であった。

政基の日根荘在国の理由は、この朝廷への出仕禁止もあったが、当時、日根荘は和泉国上守護・下守護に侵略される危機にさらされていた。また、この上・下守護と対立していた紀《き》伊国《いのくに》の根来寺《ねごろじ》（現在の和歌山県岩出《いわで》市にある）が政基に期待を寄せると同時に、根来寺は在数に貸した金銭の未返済の問題にからめて同荘の代官職を要望していた。

九条家領の日根荘は、同荘五カ村のうちの二カ村で、日根野《ひねの》村東方・西方と入山田《いりやまだ》村（大木・槌丸《つちまる》・菖蒲《しょうぶ》・船淵《ふなぶち》の四カ村から成る）である。九条家は家司の富小路《とみのこうじ》俊通《としみち》にこのなかの日根野村西方と入山田村の半分以上を給恩として与えていた。

政基の下向以前には九条家方・俊通方の両方に代官が存在したが、政基の在国時には代官は置かれていないので、在国の目的の一つが代官のいない直務支配であったと思われる。

政基は入山田の大木村の長福寺に滞在した。政基とともに家司の信濃小路《しなのこうじ》長盛《ながもり》・石井在《あり》利《とし》・竹原定雄《さだお》らも在国し、荘園経営の所務は、長盛が中心となって田畠の内検（内々の検注）、年貢等の催促・徴収、人夫の召集などを行った。

九条家は村の有力農民を「番頭職《ばんとうしき》」に任じ、番頭が百姓らから年貢等を徴収して九条家側に納めた。守護方や根来寺との交渉においても、番頭が村落の代表者として交渉にあたっている。

この日根野・入山田両村には自治組織の寄合があり、番頭はこの寄合のメンバーである古老から選ばれた。寄合は古老・中老・若衆から成り、古老はそのなかでも指導的な立場にある上層農民であった（泉佐野市史編さん委員会：二〇〇八）。

九条家はこの番頭の古老を通して直務経営を実現し、年貢等を確保することができたのである。

一方、日根荘の近辺では守護方と根来寺・粉河寺《こかわでら》（現在の和歌山県紀の川市にある）等とが抗争を展開していた。九条家は守護方から日根荘年貢の半済（半分の徴収権）を要求され、根来寺からは在数が残した未返済の借金を理由に代官職の要求が続いた。

在荘費用の不足など、経済的にも苦しい状況に追い込まれていった政基は、結局、根来寺に借金の返済を契約して代官職を渡し、在国四年目にして京都に戻ったのであった。なお、「九条家文書」によれば、日根荘の年貢は天文二年（一五三三）まで九条家に納入されている。

若狭国名田荘に在国した土御門有春・有脩

土御門《つちみかど》有春《ありはる》（一五〇一～六九）・有脩《ありなが》（一五二七～七七）は、安倍晴明《あべのせいめい》（九二一～一〇〇五）の子孫である。

陰陽《おんみょう》道《どう》の安倍氏は、邸宅が京都の土御門大路に面してあったため、この「土御門」が十五世紀中ごろに家名になった。

安倍氏は、元来は四位《しい》以下の朝廷官人であったが、十四世紀の南北朝時代に将軍足利義満《よしみつ》の祈禱《きとう》も務めた安倍有世《ありよ》が、永徳《えいとく》四年（一三八四）に従三位《じゅさんみ》に叙せられて公家の身分に昇格した。

安倍氏（土御門家）は朝廷と幕府の泰山府君祭《たいざんふくんさい》（人間の生命や災い・幸福をつかさどる神の泰山

府君をまつること）などの祈禱を行い、朝廷や幕府から祈禱料所（祈禱の費用のための所領）を与えられた。若狭国《わかさのくに》名田荘《なたのしょう》上村《かみむら》（現在の福井県大飯《おおい》郡おおい町）もその一つで、戦国時代では土御門家にとってもっとも重要な荘園になった。

名田荘上村は、現在の福井県小浜《おばま》市の中心部から車で三〇分ほど南川に沿って南下したところにある「名田庄《なたしょう》 納田終《のたおい》」という所である。ここには土御門家の墓所が残されており、二基の五輪塔がある。五輪塔は中世から近世初期の墓石の一形態で、近代以前の墓は個人墓であったので、この二基は名田荘上村に在国した土御門有春・有脩の墓と考えられる（菅原：二〇一一a）。有春・有脩父子は、名田荘上村に長期的といえる在国をしていた。

有春の父有宣《ありのぶ》はずっと京都に居住していたが、有春は天文年間（一五三二〜五五）以降に在国と上洛をくり返している。『言継卿記』によれば、有春は京都に邸宅を持っておらず、在京中は「旅宿」に滞在していた。

永禄十二年（一五六九）閏《うるう》五月七日に、山科言継は名田荘にいる有春に書状を出した。有春からの返事が、同月二十四日付で出されてまもなく、有春は六月十九日に没しているので、彼は名田荘で没したとみてよい。

有春の子有脩もやはり京都では「旅宿」に住み、天正《てんしょう》五年（一五七七）に京都に滞在していた時に没した。元禄《げんろく》年間（一六八八〜一七〇四）に書かれた『若狭郡県志』所載の「土御門有脩墓」によれば、有脩の子久脩《ひさなが》が父の遺言により遺骨を納田終村に埋めたという。有春・有脩が居住した名田荘上村は、山あいの田畠の少ない地である。二人はなぜそのような年貢収入の少ない所領に在国したのであろうか。

考えられる理由の一つに、陰陽道の祈禱による収入がある。土御門家の家僕若杉《わかすぎ》家の「若杉家文書」には、若狭国守護の武田《たけだ》信豊《のぶとよ》による天文二十二年（一五五三）から弘治三年（一五五七）の間の泰山府君祭都状《とじょう》（都状は祈禱の時の願い事などを記した願文《がんもん》）六通が残されている（『福井県史　資料編2』、菅原：二〇一一a・b）。

一回分の泰山府君祭の代価は、足利義満の場合は安倍有世に一〇〇貫文を支払っており、これは中規模荘園の一年間の総年貢額に相当する。土御門家にとっては、弱体化した朝廷・幕府よりも若狭国守護の武田氏の方が頼りになる収入源であったと思われる。家業の陰陽道が、土御門家の経済を支える上で重要な役割を果たしていた。

また「若杉家文書」には、有春が名田荘上村の百姓らに米・銭を貸し付けていたことを示す永禄七年（一五六四）の古文書があり、彼が貸し付けの利子分を収益にしていたことがわかる（菅原：二〇一一b）。荘園領主の経営の一部として、百姓への貸し付けも行われていた。

在国した公家に関しては、今後明らかにすべき課題がある。それは彼らによる荘園経営には、在地の国人領主らの所領経営と共通する点があるのか、などである。

荘園の消滅

織田信長は永禄十一年（一五六八）に足利義昭《よしあき》を奉じて京都に入り、いわば将軍義昭の総司令官として諸改革に着手した。その一つが天皇家・公家の所領の再編成である。『言継卿記』によれば、公家たちは元亀《げんき》元年（一五七〇）に信長から知行分の所領について尋ねられ、山科言継は山科家の知行分・不知行分のリストを作成して信長に提出した。『言継卿記』の紙背《しはい》文書に残されているそのリスト（たぶん控えであろう）には、同家の知行地として京都洛中の御倉町野畠地子銭《じしせん》・絹屋新在家野畠分・「見入」（詳細は不明）の合計二九貫文で、不知行分としては山科郷の米一七〇〇石が書かれている。

この山科家のように、荘園の不知行化が進んだ戦国末期では、洛中の土地から納められる地子銭（土地にかけられて銭で納める税）等が公家たちの数少ない所領からの収入になっていた。なお、山科言継自身も、自邸の敷地の地子銭を公家の柳原《やなぎはら》家に支払っていた（菅原：一九九八）。

織田信長は、天正元年（一五七三）に将軍義昭を京都から追放して室町幕府を滅ぼし、同三年には山城国内の所領を再編成して門跡《もんぜき》・公家らに領地を配分した。その後、豊臣秀吉・徳川家康も所領の再編を行い、京都に住む天皇家・公家たちは、山城国を中心として畿内《きない》の所領をそれぞれの家格（摂関家・大臣家など、家柄のこと）に応じて与えられた。
中世の荘園は織田信長によって消滅したが、近世において公家たちは、中世のように所領を現地の武士らに武力によって奪われる心配はなくなったのである。

〔主要参考文献〕

泉佐野市史編さん委員会編『新修泉佐野市史1 通史編 自然～中世』（清文堂出版、二〇〇八年）
菅原正子『中世公家の経済と文化』（吉川弘文館、一九九八年）
菅原正子『中世の武家と公家の「家」』（吉川弘文館、二〇〇七年）
菅原正子『占いと中世人―政治・学問・合戦―』（講談社現代新書、二〇一一年a）
菅原正子「陰陽道土御門家旧蔵の中世文書―中世の土御門家領について―」（『古文書研究』七二号、二〇一一年b）

6　武家も重宝した公家の「家業」とは？

【装束の家・和歌の家】

後藤みち子

公家の家業成立と近世への展開

公家の家は、十二世紀前半（平安時代後期）に成立し、一つの組織体・経営体として、家《か》産《さん》（家の世襲的財産、家記《かき》・所領など）を持ち、家業《かぎょう》（家が世襲的に継承していく芸能・技術）を営んでいた。公家の家にとっては、一定の官職（支配機構に位置づけられた公的な地位）を数代にわたって歴任することが家業と意識された。

十四世紀（南北朝時代）になると、嫡子《ちゃくし》単独相続（家の後継者である嫡子一人が、家業・家産を一括して相続すること）へと移行し、家業も特定の官職と家の職能がさらに深く結びついて継承されるようになる。また公家の家は、和歌や蹴鞠《けまり》などの芸能も家業と意識するようになる。

このように公家の家業は中世後期（南北朝時代以降）に世襲化されるが、近世初期になると明文化（江戸幕府による「禁中《きんちゅう》并《ならびに》公家《くげ》中諸法度《ちゅうしょはっと》」）される。

では、中世の公家の家業はどのようにして近世の法令に取り入れられていくのだろうか。中世の家業は近世の家業に直結したわけではないとの見解もあり、一方では家業は中世において世襲化され、近世には公家の存在理由として位置づけられるにいたったとも指摘されている。

本稿では①装束調進《ちょうしん》（調製して届けること）を家業とした山科《やましな》家の例から、中世の家業の技術の習得と伝授が近世の法令に取り込まれていく様子、②和歌を家業とした三条西《さんじょうにし》家の例から、古今伝授《こきんでんじゅ》（『古今和歌集』の解釈に関する秘説を師から弟子へ伝えること）の相伝を通して、和歌が天皇の教養として近世の法令に定められていく様子を明らかにしたい。

山科言国と装束の家の成立

官職を請け負った家はその官職の長官職を独占し、その請け負った専門的な職務が家業とされ、これを継承していく。

内蔵寮《くらりょう》（天皇家の財政をつかさどり、御服《おふく》の調進、物品の調進などを職掌とした）の長官職である内蔵頭《くらのかみ》は、貞和《じょうわ》二年（一三四六）に山科教言《のりとき》（一三二八～一四一一）が内蔵頭に補任《ぶにん》されて以来、山科家が独占世襲していくことになる（一三一頁の系図参照）。平安時代中・後期から鎌倉時代においては、内蔵頭の第一の職務は天皇が着する御服を調進することであった。

南北朝時代以降、内蔵頭を代々世襲した山科家では、御服調進が家業となったのである。この家業を請け負う家は、家長と妻と子を中心に家司《けいし》（公家の家の家政機構の職員）など使用人で構成されている。

山科家では、本家の山科顕言《あきとき》（一四二八～六二）が急死すると、顕言には実子がいなかったので、庶流の言国《ときくに》（一四五二～一五〇三）が十一歳で顕言の跡を継ぐことになる。幼少で家業を継ぐことになった言国には、山科家筆頭家司の大沢久守《おおさわひさもり》（一四三〇～九八）が指導していくことになる。

戦国時代初期の言国が家長の時代、御服の調進を行うが、朝廷の経済が困窮していたため、御服は新調が減り、潤色《じゅんしょく》（染め直し、張り直し、仕立て直しをすること）が多くなる。この時期、山科家では御服の調進はどのように行われ、誰がかかわっていたのだろうか。

新調の場合を、山科言国の日記『言国卿記《ときくにきょうき》』からまとめると以下のようになる。

（1）御服のことについて勾当内侍《こうとうのないし》（宮廷女官の内侍の長老。宮中の事務を取りしきり、天皇に取り次ぐ役割を担う）から言国に仰せが下される。

（2）言国は、公家の担当者と談合して、たとえば「夏御《お》直衣《のうし》（天皇・公家の平常の服）御服」のように、どのような御服を調製するのかを決める。

（3）言国は、内蔵寮専属の織手《おりて》を呼び出し、布に織ることを申し付け、その費用も手配する。

（4）織手から布が織り上がってくると、山科家邸内で「裁ち縫う」が行われるが、この工程は言国妻と家司が行い、御服の仕様の最終点検は言国妻が行っている。

（5）言国は、出来上がった御服の進上を行う手続きをする。これには一定の手続きがあり、まず、言国が御服を持参して勾当内侍に渡す。勾当内侍は天皇に御目にかけ、天皇の叡《えい》慮《りょ》にかなえば、言国は天皇の御前に召されて、天杯《てんぱい》が下されることになる。

このように山科家の家業が成立してくる言国の時代、家長が代表者として御服の調進を行い、全体の統括を行うが、自邸で行う実際の御服調製である「裁ち縫う」技術は家長の妻が習得し、家業は家長と家長の妻が役割分担して運営されていた。

御服の調進に対しては、その都度朝廷から「調料《ちょうりょう》」（染める・張る・裁ち縫うなどの費用）が支払われ、これが山科家の収入の一部となっていた。

言国は家業を確立しようと努力している時期であり、調製のすべての工程を把握するため日記（『言国卿記』）に工程や依頼者を記しているが、それは対外的な朝廷関係・織手関係ばかりではなく、家長の妻の分担になっていた邸内で行われるものにも及んでいる。

山科言継と装束調製の覚書

言国の場合には家長の妻が分担していた裁縫の知識を、戦国時代後期の言継《ときつぐ》（言国の孫。一五〇七～七九）の時代になると、家長が持つようになる。

たとえば、言国が家長であった文亀《ぶんき》元年（一五〇一）の後土御門《ごつちみかど》天皇崩御《ほうぎょ》の時、天皇の「諒闇《りょうあん》（天皇が父母の喪に服する期間）明け」の夏の直衣の調製は、言国妻が「裁つ」「調える」工程を行ったことが『言国卿記』に記されている。

言継が家長の時代になると、同じ諒闇の直衣についても、弘治《こうじ》三年（一五五七）の後奈良《ごなら》天皇崩御の時のものは、言継が「同諒闇御服御色目」としてまとめ、色目（色合い）・寸法・裁ち方を詳細に記していくようになる。

山科言継の日記『言継卿記《ときつぐきょうき》』には、日記とは別に別記があり、「若宮御元服御童装束事」として、天文《てんぶん》二年（一五三三）の方仁《みちひと》親王（のちの正親町《おおぎまち》天皇）の元服の時と、永禄《えいろく》十一年（一五六八）の誠仁《さねひと》親王（のちの陽光太上《ようこうだじょう》天皇）の元服の時の装束調製のことがまとめられている。

同じく別記には、「諒闇并御錫紵《りょうあんならびにおしゃくじょ》（天皇が喪に服する時に着る袍《ほう》）御服之事」として、天文四年（一五三五）の豊楽門院《ぶらくもんいん》（後奈良天皇の母）崩御の時と、弘治三年（一五五七）の後奈良天皇崩御の時の天皇の諒闇ならびに御錫紵の御服のこともまとめられている。これらは日記の中から関係のある部分を取り出してまとめているもので覚書だといえる。

また弘治三年の「後奈良院崩御之時御錫紵御服色々」と「同諒闇御服御色目」には袍（上衣）・半臂《はんぴ》（袍の下に着た袖《そで》なしの胴衣）・下襲《したがさね》（半臂の下に着た衣）・表袴《うえのはかま》（下袴の大口《おおくち》の上にはく袴）などの一つ一つに、それぞれ色目・寸法・仕立て方が記されている。

同じく別記に「山科言継卿記御装束御ぬいたての定《さだめ》」があるが、ここでも装束の仕立て方が詳細に記述され、冒頭に「定」とあるので、これは取り決めを記したと考えられる。

これらのことから、言継は山科家が行う装束調製の知識を習得し、これを次期家長に伝授する目的で、覚書として日記とは別にまとめたものだといえる。

山科言国の時代には、言国妻が御服の「裁ち縫う」技術を持っていたが、言継の時代になっても、言継妻は御服調製にかかわっている。『言継卿記』によれば永禄二年（一五五九）五月三日に勾当内侍から内々に依頼された正親町天皇の小袖《こそで》（上衣）を言継妻が調進している。このことから言継は裁縫の知識・技術を持つようになるが、実際の御服調製の「裁ち縫う」には言継妻がかかわっていたと考えられる。

言継の時代にも御服調製の過程で、織ることは専門の織手が行うが、実際の染める・張る・縫う・仕立てるなどの工程は山科家で行っていた。その費用である「調料」は朝廷から山科家に支払われていた。

山科言経・言緒と家業の発展

家業は言継から嫡子言経《ときつね》（一五四三～一六一一）に伝授された。

言経は天正《てんしょう》十三年（一五八五）に勅勘《ちょっかん》（天皇の仰せによって勘当されること）を蒙《こうむ》ってしまう。原因は所領に関係することではないかと推定されているが、はっきりしていない。山科言経の日記『言経卿記《ときつねきょうき》』によると、言経は勅勘中に豊臣秀吉・秀次《ひでつぐ》や徳川家康の知遇を受けることになる。

言経は彼らの衣文《えもん》（装束着用のための作法を伴う技術）を奉仕したり、装束の調進に際して相談を受けたりして、彼らから俸禄《ほうろく》を与えられている。特に多いのは徳川家からで、山科家に依頼した服は、朝廷に参内《さんだい》するときの装束などであった。このことは山科家の装束調進・調製の知識が武家にとって必要になってきたということである。

慶長《けいちょう》三年（一五九八）十一月三日、徳川家康の執奏《しっそう》（意見などを取り次いで天皇に申し上げること）により言経は嫡子言緒《ときお》（一五七七～一六二〇）とともに勅勘が解かれると、天皇・親王の御服を調進するようになる。この時代になると、応仁《おうにん》の乱《らん》（一四六七～七七年）後の言国の時代よりも新調が増えてきている。

言継の時代の裁縫の技術を、言経も言経妻も伝授されていた。『言経卿記』を見ると、言経は徳川家の呉服師亀屋栄仁《かめやえいにん》に直垂《ひたたれ》（武家の礼服）の裁縫を頼まれ、縫って渡している（慶長八年〈一六〇三〉二月二十八日・三月二日条）。また言経妻も、勾当内侍から妙法院宮《みょうほういんのみや》（後陽成《ごようぜい》天皇の六宮）の大口（表袴の下に着用する下袴）の仕立てを頼まれている（慶長十一年〈一六〇六〉十二月七日条）。

家業は言経から嫡子言緒に継承されていく。山科言緒の日記『言緒卿記《ときおきょうき》』からその様子を見ることができる。

言緒は父言経の跡を引き継ぎ、天皇・上皇・親王といった朝廷関係のほかに、武家の依頼を受けて装束調進を行っていく。この業務は同じく装束の家である高倉《たかくら》家と競合する部分もあったが、言緒の時代には山科家が圧倒的に優勢であった。

これは言緒が家業の研究に励んだからで、後陽成上皇からは、装束のことは山科家が調進

【山科家関係系図】（…略、＝養子）

教言……顕言＝言国―言綱―言継―言経―言緒

するようにと仰せがあり（慶長十九年〈一六一四〉十二月十五日条）、徳川家からも家康・秀忠《ひでただ》の装束は山科家が調進するようにと仰せを受けている（慶長二十年〈一六一五〉正月九日条）。慶長二十年（一六一五）四月二十三日、上洛《じょうらく》した家康から言緒は学問精励を褒められている。

このように言緒は家康から信頼を受け、大坂夏の陣（一六一五年）直後の同年五月二十日には、家康から公卿《くぎょう》の服制制定をまかされている。六月九日に言緒は文案を伝奏《てんそう》（武家などの奏請を天皇・上皇に伝える公家の役職）の広橋《ひろはし》大納言に届けている。

同年七月十七日、「禁中并公家中諸法度」が発布される。言緒は、同日の『言緒卿記』に「公卿の服制は自分の成文からなる」と得意げに記している。

戦国時代の家業から近世の法令へ

十四世紀の南北朝時代以降、内蔵頭を代々世襲した山科家では、天皇の御服を調進することが家業となっていった。戦国時代初期（十五世紀末）の言国が家長の時代は、家業を成立させていく時代である。家長は代表者となり全体を統括し、家内で行う実際の御服調製である裁縫の技術は妻が習得し調製の責任者となっていた。

戦国時代後期（十六世紀後半）の言継が家長の時代は、家業の確立時代といえる。家長である言継は、御服調製の技術・知識を習得し、それを覚書としてまとめ、次の家長に伝授していく。一方、実際の裁縫の技術は、家長の妻から代々の家長の妻に伝授されていく。

山科家では、家業として習得した技術により、朝廷から「調料」が支払われ、家の収入の一部になっていった。

江戸時代初期（十七世紀前半）の言経・言緒の時代になると、山科家の装束調製の技術は武家、特に徳川家から必要とされるようになり、武家の装束調進にもかかわっていくことになる。

このように家業の装束調進も戦国時代には朝廷の御服調進が中心であったが、江戸時代初期になると、武家の装束も調進するように広がっている。この家業の技術・知識が家康に評価されたことにより、近世の法令（「禁中并公家中諸法度」）の中に山科家が伝授してきた家業の技術・知識が活かされていったのである。

三条西実隆と和歌の家の成立

三条西家では歌人であった公保《きんやす》（一三九八〜一四六〇）が長禄《ちょうろく》四年に六十三歳で死去すると、わずか六歳の実隆《さねたか》（一四五五〜一五三七）が家の後継者となった（一三五頁の系図参照）。

しかし実隆は、家業成立に向けて人間関係に恵まれていた。実隆の妻は勧修《かじゅう》寺《じ》教秀《のりひで》の娘で、この妻との関係から人脈が広がっていく。妻の姉房子（三位局《さんみのつぼね》）は、後土御門天皇の後宮に入り、その妹の藤子（豊楽門院《ぶらくもんいん》）は後柏原《ごかしわばら》天皇の後宮に入り、後奈良天皇を生む。実隆がその後三代の天皇から寵愛《ちょうあい》を受ける一因は、この妻の姉妹との関係が考えられる。

三条西家の家業の成立について、三条西実隆の日記『実隆公記《さねたかこうき》』から見ていこう。実隆は文明《ぶんめい》七年（一四七五）二十一歳の時、和歌の家である飛鳥井《あすかい》家に入門する。これは和歌をより深く学ぶためと、飛鳥井家に入門を許されたという社会的実績を重視した行為であった。

文明十九年（一四八七）三十三歳の時、連歌師の宗祇《そうぎ》による実隆への古今伝授に向けての準備が行われる。実隆は宗祇から何度か『古今和歌集』の講義を受け、同年八月二日に全課程が修了し、翌年正月二十日、卒業証書ともいえる「切紙《きりかみ》」（秘伝を書きつけた紙片）授与などの事務的手続きが行われている。

事前教育を含めると二年近い歳月を費やしており、実隆にとってはかなり厳しいものであったようである。しかしこの宗祇から古今伝授を受けたことが「和歌の家」三条西家の成立につながっていく。

実隆が築きあげてきた和歌の家としての三条西家は、嫡子公条《きんえだ》（一四八七〜一五六三）の努力もあって確立していく。実隆は後奈良天皇から古今伝授に向けての『古今和歌集』の読みを要望され、享禄《きょうろく》元年（一五二八）十一月十六日から『古今和歌集』の講義をはじめ、翌年四月二十八日に後奈良天皇は実隆から古今伝授を受けている。

その時天皇が非常に喜んでいる様子が『実隆公記』に記されているが、これは天皇が古今伝授を評価していたということであろう。そして、公条がのちに正親町天皇に伝授することによって、実隆父子は二代の天皇に古今伝授をなしたことになり、朝廷の歌壇の最高指導者としての権威をえたことになる。

細川幽斎と古今伝授

古今伝授は、実隆─公条─実枝《さねき》と三条西家内に相伝されるが、実枝（一五一一～七九）が六十二歳となった元亀《げんき》三年（一五七二）、嫡子公国《きんくに》（一五五六～八七）はまだ十七歳であった。

実枝は、自分に万一のことがあって古今伝授が絶えることを心配し、のちに公国に相伝することを条件に、細川幽斎《ほそかわゆうさい》に伝授することにする。幽斎は武士でありながら、当代歌学の第

【三条西家関係系図】

公保 ─ 実隆 ─ 公条 ─ 実枝 ─ 公国

一人者であった。

実枝の講義が修了すると、幽斎は天正二年（一五七四）六月十七・十八日の両日に切紙を授与された。そして天正四年（一五七六）十月十一日、相伝修了を示す証明状が与えられた（証明状は智仁《としひと》親王によって書写され、現在、宮内庁書陵部に伝わる）。実枝が死去すると公国も早逝し、幽斎の周辺には、和歌・歌学の指導的立場にいるような人はほとんどいなくなった。そのため幽斎が、伝受者から伝授者となり、歌道の指導者となっていく。

その後幽斎は、継承するにふさわしい家柄と実力を兼ね備えた弟子の八条宮智仁親王に伝授することにする。慶長五年（一六〇〇）三月十九日から二十九回にわたる幽斎の智仁親王への講義が行われている。幽斎から智仁親王に古今伝授が行われるが、その様子は『細川家文書　中世編』（吉川弘文館、二〇一〇年）に収録された二通の文書から具体的に知ることができる。

この二通の文書は、幽斎が慶長五年の関ヶ原合戦に際して丹後《たんご》田辺《たなべ》城（現在の京都府舞鶴《まいづる》市）に籠城《ろうじょう》していた時のものである。

一通は慶長五年七月二十九日付の「細川幽斎古今伝授証明状案」で、死を覚悟した幽斎は、四月まで古今集を講義した智仁親王に古今伝授の証明状を交付したのである。この文書はその証明状の幽斎の自筆控である。また智仁親王が自ら編集した『智仁親王御年暦』（嗣永芳照翻刻『書陵部紀要』二十、一九六八年）にも、慶長五年に細川幽斎からの古今伝授のことが記されており、親王にとっても特筆すべき事柄だったのである。

もう一通は、慶長五年八月二日付の幽斎の書状の「自筆草案」である。書状では「一両日以前に、智仁親王の使者が下された時に、古今相伝の箱、証明状、歌一首短冊并源氏抄箱一、二十一代集を禁裏様へ進上した」旨を智仁親王に伝えている。

この時代になると、古今伝授は、天皇が消滅を嘆くほど歌道の一大権威となっていたことがわかる。

八条宮智仁親王の活動

智仁親王は、正親町天皇の第一子である陽光院誠仁《ようこういんさねひと》親王の第六子として天正七年（一五七九）に生まれた。つまり、後陽成天皇の弟である（一九三頁の系図参照）。天正十六年（一五八八）頃、豊臣秀吉の猶子《ゆうし》（養子）となるが、秀吉に実子が生まれると、猶子縁組を解かれ、天正十八年（一五九〇）に秀吉によって八条宮家が設立された。

智仁親王が活動した時代は、戦国末期の動乱のなかから織田信長、豊臣秀吉、徳川家康が登場して天下統一の機運が熟し、やがて徳川幕府の基礎が固められていく時期で、中世から近世への過渡期である。

天正年間（一五七三～九二）は、朝廷が秀吉の保護を受けて立て直す時期にあたる。朝廷における古典復興活動は、後陽成天皇を中心として、智仁親王をはじめ皇族が、それぞれの独自の性格を持った歌会を催すことによって実行していった。

古今伝授は『古今和歌集』を通しての歌道教育であったので、古今伝授を相伝する前提条件として和歌における師弟関係がなければならなかった。弟子が詠んだ和歌を添削することにより、「詠み方」を伝えるのが当時の和歌の指導方法であった。智仁親王は、慶長五年（一六〇〇）に細川幽斎から古今伝授を受けるが、幽斎は智仁親王にとってその後も歌道の師であった。

智仁親王自筆の日記『智仁親王日記』（宮内庁書陵部蔵）の慶長八年（一六〇三）正月二日、親王は細川幽斎の所へ新年の試筆として行った和歌と連歌の発句《ほっく》を届けている。また同年二月一日、親王は発句と和歌を案じ、詠草《えいそう》（和歌の草稿）の添削を請うためらしく、幽斎の所へ見せに届けている。

智仁親王の活動を、公家の西洞院時慶《にしのとういんときよし》の日記『時慶記』から見てみよう。後陽成天皇は禁中和歌会、公宴連歌会（朝廷の連歌会）を開いている。この会にはどのような人々が参加していたのだろうか。

禁中和歌会に、智仁親王は文禄《ぶんろく》二年（一五九三）十四歳の時から参加している。そのほかの参加者は、門跡《もんぜき》方と公家衆で、多い時には二十二人の時もあった。

一方、後陽成天皇は公宴連歌会も開かれ、慶長年間（一五九六〜一六一五）には禁中和歌会よりも、公宴連歌会の方が多く開かれていた。連歌会には、智仁親王も参加し、そのほかには門跡方や公家衆が参加していたが、人数は十人程度で、禁中和歌会よりは小規模であった。

また智仁親王は八条宮本邸で、連歌会を開いている。慶長八年（一六〇三）正月二十二日の八条宮智仁親王御会始には、師である細川幽斎も参加している。そのほかの参加者は、門跡方、公家衆・連歌師などで、十人ほどであった。

このように智仁親王は、後陽成天皇を支え、朝廷の和歌会や連歌会に参加し、自身も連歌会を開くことにより、和歌の技術を磨き、天皇・公家の特有の文化である和歌を伝えていく努力をしている。

寛永《かんえい》二年（一六二五）智仁親王は甥《おい》の後水尾《ごみずのお》天皇に古今伝授を行う。後陽成天皇を支えた智仁親王の活動は、宮廷の古典復興への尽力であった。古今伝授を基盤として公家の和歌も朝廷の文化の一つとして伝えられていく。

和歌の家確立から天皇の教養へ

戦国時代、三条西実隆が和歌の家確立のため、宗祇から古今伝授を受けたことはすでに触れた。三条西家では和歌の家を守るため努力し、実隆―公条―実枝と古今伝授を継承していく。

この努力が天皇にも認められ、三条西家は天皇から求められ古今伝授を行うことになる。三条西実隆から後奈良天皇へ、三条西公条から正親町天皇に伝授していく。その後、三条西家内に相伝された古今伝授は、武家の細川幽斎を経て八条宮智仁親王に伝えられ、後水尾天皇に伝授される。

ここにおいて古今伝授の主流は三条西家から朝廷に移ることになる。古今伝授は天皇に集約され、天皇を頂点とする御所伝授（天皇から天皇へ伝授）へと再編されていく。戦乱の時期にも天皇・親王は、和歌の技術向上・指導に取り組んでいった。

近世になり「禁中并公家中諸法度」の第一条には、天皇が修めるべきものとして学問とともに和歌の修学が挙げられている。この条文については、天皇を政治の世界から排除して文化の領域に閉じ込めることを目的としたものと説明されてきた。

しかし最近の研究では、江戸幕府が中世に天皇王権を象徴する芸能となった和歌の位置を引き続き認定し、天皇が修めるべき教養の一つと定めたとされている。

天皇・親王・公家の役割

先に触れた山科家の装束調進の家業は、戦国時代初期（十五世紀末）に成立し、戦国時代後期（十六世紀後半）に確立していく。家業の技術・知識は、近世の山科家の家業として伝授・継承されていくのである。そして山科家の装束調進は朝廷だけではなく、武家にも必要とされた。家業の技術・知識は武家に評価され、近世の法令に取り込まれていく。

戦国時代、三条西家も同様に公家は公家文化である家業を守り、伝えていくことで、朝廷・天皇を支えていく役割を果たしていった。また天皇・親王は、公家特有の文化である和歌の技術を磨き、指導していくことが一つの役割であった。

戦国時代、天皇・親王・公家たちが努力・精進したことにより、近世になると、家業は幕府により公家の特権として公認・保護されるようになる。和歌も天皇の教養として幕府から認定され、支援・保護されていくのである。

〔主要参考文献〕

源城政好「三条西家における家業の成立」（笠谷和比古編『公家と武家Ⅱ』思文閣出版、一九九九年）
小高道子「御所伝受の成立と展開」（近世堂上和歌論集刊行会編『近世堂上和歌論集』明治書院、一九八九年）
後藤みち子『中世公家の家と女性』（吉川弘文館、二〇〇二年）

橋本政宣『近世公家社会の研究』(吉川弘文館、二〇〇二年)
松澤克行「近世の公家社会」(『岩波講座　日本歴史』第十二巻　近世三、二〇一四年)

【第３部】武家とともに時代を動かした天皇・公家

7　将軍家と天皇家の二つの主人をもつ公家衆がいた

【室町幕府と公家衆の関係】

木下昌規

将軍家と公家衆の従者

室町幕府の全盛期を作り上げたといわれる第三代将軍足利義満《あしかがよしみつ》（一三五八～一四〇八）は、朝廷の儀式などに積極的に参加、主導し、官位も初代将軍尊氏《たかうじ》（一三〇五～五八）、二代将軍義詮《よしあきら》（一三三〇～六七）が任官した権大納言《ごんのだいなごん》をはるかに超えて、内大臣、左大臣、太政大臣と昇進し、公家社会の頂点に君臨した。

義満の官位上昇にともない、将軍家は公家衆の従者（家司《けいし》、もしくは家礼《けらい》。家礼とは本来は、有職故実《ゆうそくこじつ》などに関する師弟関係を指す言葉だが、この時代は一種の主従関係を指す）を持つようになる。おおむね家礼を持つのは摂関家であったが、将軍家も中級クラスの公家衆の家礼を持つようになるのである。

その後、室町中期・戦国期（十五世紀中頃〜十六世紀後半頃）にかけては、その家礼の系譜を継ぐ公家衆として存在したのが「武家昵近《じっきん》公家衆」（以下「昵近衆」とする）であった。昵近衆は将軍家と主従関係を結んで奉公し、他の公家衆と比べて密接な関係を持っていた。また、幕府が関東に置かれていた鎌倉時代や江戸時代と異なり、室町時代には京都に置かれていたため、日常的に武家と公家との交流があった。

次に、将軍家と密接な関係を持ったのが縁戚《えんせき》関係を結んだ公家衆である。室町・戦国期に将軍家の正室を輩出したのは、基本的には日野《ひの》家と近衛《このえ》家の二家であり、日野家は右の昵近衆の一員でもあった。特に、第八代将軍義政《よしまさ》正室の日野富子《とみこ》（一四四〇〜九六）の存在は有名であろう。一方の近衛家は、戦国期に二代にわたって将軍の正室を輩出した。

室町時代の公武関係については、多くの研究成果があるが、そのうち特に公家衆のなかで、将軍家に最も近い存在である昵近衆と、将軍家縁戚（日野家と近衛家）という二つのテーマを中心として、将軍家に奉仕していた公家衆との関係を述べていきたい。

「武家昵近公家衆」とは何か

将軍家に公家衆が奉仕するのは、何も室町時代にはじまったことではない。

鎌倉時代には、鎌倉将軍に祗候《しこう》（奉仕）する公家衆が存在しており、鎌倉と京都を行き来しながら、将軍家と天皇家に出仕していた。これは、鎌倉幕府の将軍に天皇の皇子である宗《むね》尊《たか》親王（一二四二～七四）が就任したことが大きな理由である（この場合、武家というよりは親王に奉仕するという面も強い）。

ここで述べる昵近衆とはどのような存在であったのか。

この昵近衆についてまとめられた瀧澤逸也氏によると、室町将軍との間に強い従属関係が存在し、特に第八代将軍義政期（在職・一四四九～七三）以降、戦国期にかけて将軍の御所に出仕し、公武間交渉における中心的な担い手であったとされている。公武間交渉役である「武家伝奏《てんそう》」も原則、この昵近衆のなかから選出されるという（瀧澤：一九九七）。

さらに、将軍の御所内で将軍と他の公家衆との対面の際には取次役を務めていた。また、将軍の参内《さんだい》や外出の際の扈従《こじゅう》（付き従うこと）などでも将軍家へ奉仕していた。

①昵近衆の家

では一体、どのような公家衆が将軍の昵近衆として活動していたのであろうか。

第十三代将軍義輝《よしてる》期（在職・一五四六～六五）の史料であるが、昵近衆であった高倉永相《たかくらながすけ》（一五三一～八六）による永禄《えいろく》四年（一五六一）三月二十八日付書状に、日野・広橋《ひろはし》・烏丸《からすまる》・正親町三条《おおぎまちさんじょう》・飛鳥井《あすかい》・高倉の六家が将軍家に「譜代《ふだい》」で祗候した公家衆であると記されている。

さらに、この書状では上冷泉《かみれいぜい》家が「近代」（ここでは、第十一代将軍義澄《よしずみ》期〈在職・一四九五〜一五〇八〉の意味）になって昵近衆に加えられ、第十二代将軍義晴《よしはる》期（在職・一五二一〜四六）になってからは勧修《かじゅうじ》寺家が加わったとある。阿野《あの》・葉室《はむろ》家もそれを望んだが、認められなかったとある。

つまり、この高倉永相の認識では、「日野家・広橋家・烏丸家・正親町三条家・飛鳥井家・高倉家・上冷泉家・勧修寺家」の八家が昵近衆の家格であったと認識されていたことが知れる。しかし、これらの八家以外に、白川家・山科《やましな》家・阿野家・葉室家・万里小路《までのこうじ》家などが一代ないし二代にわたって、実際に将軍家の昵近衆となっていた。

特に、後者の昵近衆の場合は、将軍個人との関係性によって登用された家であり、葉室・阿野・白川などがそれに当たる（詳細は後述する）。先の八家はこのような事例を除く、家格として固定化された家を指して述べたのだろう。

つまり、昵近衆には、家格としての「譜代」昵近衆と、将軍との親密な関係で登用された「一代」昵近衆の二つが存在していた。

おおむね義満期（在職・一三六八〜九四）以来関係を持っていた公家衆であるが、義満期に家礼として近侍していた中山家は、ここでは昵近衆の一員とはなっていない。義満期における将軍家と公家衆の関係は、全員が必ずしも後世まで継続していたわけではないのである。

これらの昵近衆の公家社会での家格を見ると、大臣家（近衛大将にならずに大臣まで昇る）の正親町三条家を除けば、羽林《うりん》家（飛鳥井・上冷泉・中山・山科・阿野、近衛次将を経て大中納言まで昇る）・名家（日野・広橋・烏丸・勧修寺・葉室・万里小路、弁官を経て大中納言まで昇る）・半家（高倉・白川、近衛次将・弁官にならず大中納言まで昇る、もしくは、従三位《じゅさんみ》以上の位階に昇る）という中級クラスの公家衆であった（二二頁の表参照）。

上記のすべての家が、朝廷への昇殿が許される堂上《とうしょう》公家衆である。このなかで、日野・広橋・烏丸はともに日野流の同族であったので、特に将軍家周辺における日野流の存在は大きい。周知のように、日野家は代々将軍家の正室を輩出する家柄であった。

特に正親町三条家は、第六代将軍義教《よしのり》（一三九四〜一四四一）に寵用《ちょうよう》された家であり、後述のように義教の正室を出した。さらに、応仁《おうにん》の乱《らん》で西軍の「将軍」となる足利義視《よしみ》（義政の弟。一四三九〜九一）との関係も深く（当初、義視は正親町三条家の猶子《ゆうし》〈擬似親子〉になり出家していた）、その縁で応仁の乱では西軍を支持している。

また、先の書状の主である高倉家は、ほかの昵近衆とは別に、重要な役割があった。それは、高倉家が「衣紋道《えもんどう》」（朝廷儀礼にかかわる衣装）の故実を伝える家であったことである。そのため、高倉家は将軍家の事実上の衣装係としての役割があった。それによって、将軍家の儀礼や、参内時には衣装係として、衣冠束帯《いかんそくたい》などの準備や着装を担当していたのである。

しかし、将軍家と関係があったのは、何もこの昵近公家衆だけではない。式日《しきじつ》（祝日など儀式がある日）、特に各月の朔日《ついたち》（月の初め）に将軍のもとに出仕する公家衆を「節朔衆《せっさくしゅう》」と呼ぶが、幕府の儀礼を記した『年中恒例記《ねんじゅうこうれいき》』という史料によれば、これら式日に将軍家に出仕していた家は三〇近くあった。それらの家には右の昵近衆の家も含まれる。

そのなかには、公家社会の頂点ともいえる摂関家（摂政関白になる）や、それに次ぐ清華家《せいが》（近衛大将を経て、大臣まで昇る）のような上級公家衆は存在しておらず、大臣家の正親町三条家と三条西家を除けば、やはり中級クラスの公家衆が中心であった。

年末年始には、安倍氏や賀茂《かも》氏のような陰陽《おんみょうじ》師も将軍の身固《みがため》（安全祈禱《きとう》の一種）のために奉仕していた。これらの公家衆も年中行事などによって、やはり将軍家に出仕していた。

ただし、ここで留意しなければならないのは、これらの昵近衆など将軍のもとに出仕し、奉公していた公家衆は、同時に朝廷にも出仕し、天皇に奉公する存在でもあったことである。これらの昵近衆は、将軍家と天皇家の二つの主人を同時に持っていたといえる。

このような両属的な立場であったため、先の高倉家が朝廷の衣紋に奉仕する場合もあるし、朝廷儀式への参加や、「禁裏《きんり》小番《こばん》」と呼ばれる朝廷での番に祇候することもあった。

②戦国期の昵近衆と側近公家衆

戦国期の昵近衆はどのような存在であったのだろうか。

やはり基本的な活動は将軍家への出仕や、外出時の扈従や参内の祗候などであるが、そのほかに、将軍の親征に従軍することもあった。第九代将軍義尚《よしひさ》（一四六五～八九）は長享《ちょうきょう》元年（一四八七）に六角《ろっかく》氏征伐のために近江《おうみ》に親征したが、その際に諸大名や将軍の親衛隊である奉公衆のほかにも、この昵近衆が従軍していた。

当時の公家衆の日記（『親長卿記《ちかながきょうき》』）によれば、高倉・日野・広橋などの昵近衆は皆軍兵を率いて、鎧直垂《よろいひたたれ》の姿で騎乗し、将軍の親征に従軍していた。このような従軍は、最後の将軍である足利義昭《よしあき》期（在職・一五六八～八八）まで継続していた（そのため、討死《うちじに》する昵近衆もいた）。

このように昵近衆は、武家のような軍事奉公も必要とされていたのである。なお、当時の昵近衆（通常の公家衆も）は、一般にイメージされるような直衣《のうし》や狩衣《かりぎぬ》のような衣装ではなく、通常は武家と同様の烏帽子《えぼし》に直垂《ひたたれ》姿で将軍家に出仕していた。見た目からは通常の武士と変わりないのである。

また、戦国期になると畿内《きない》の政情不安により、幕府の所在地である京都より将軍が没落（逃避）することが多々起こるようになる。その際に昵近衆は、地方に避難する将軍に扈従していた（ただし、全員ではない）。大永《たいえい》八年（一五二八）末に第十二代義晴（一五一一～五〇）が京都を追われ、近江坂本を経由して朽木《くつき》（現在の滋賀県高島市。同県の最西端）に動座《どうざ》することになった。

その際、『為和卿集《ためかずきょうしゅう》』の大永八年（一五二八）五月二十八日付の記述によれば、記主で昵近衆である上冷泉為和のほか、高倉永家《ながいえ》、烏丸光康《みつやす》、阿野季時《すえとき》の四名が扈従した。しかし、同じ昵近衆の飛鳥井雅綱《まさつな》は東寺まで扈従したが、坂本までは扈従しなかった。

これについて為和は、「言語道断」として強く非難している。基本的に昵近衆は、将軍の没落にも従い奉公するものとの認識が昵近衆のなかにあったことが知れる。

昵近衆は基本的に将軍に奉公する存在であるが、戦国期に将軍が京都を離れることも多くなると、実際には関係が希薄になることもあったのである。

③将軍の政務運営と昵近衆

ひとつ注意したいことは、昵近衆は将軍の政務運営（外交や、裁判の審議や判決など）には、必ずしも関与していないということである。

戦国期、特に第十代義材《よしき》期（在職＝第一期・一四九〇～九五、第二期・一五〇八～一二。改名して義稙《よしたね》。以下、義稙とする）以降、将軍家の政務運営に関与したのは、従来の昵近衆の家格にない、公家衆であった。特に、将軍の政務運営に直接関与する公家衆を、従来の昵近衆と区別する意味で「側近公家衆」と呼びたい。

その戦国期の側近公家衆を代表する存在は、葉室光忠《みつただ》（一四五一～九三）と阿野季綱《すえつな》（一四七一～一五一一）である。この二名はともに第十代義稙の側近公家衆であり、幕府運営を主導する存在であった。義稙は将軍在職の途中に「明応《めいおう》の政変」（一四九三年）が起こり、将軍職を剝奪《はくだつ》されてしまう。そのため、在職期間は二期に分かれる。

葉室光忠はその第一期に、阿野季綱は第二期に側近筆頭として活躍した。義稙はかつての「西軍」の「将軍」義視の子であり、葉室・阿野両家はともに大乱の際には「西軍」寄りの公家衆であった。

一方で、第十一代将軍義澄期（在職・一四九五～一五〇八）にも正親町三条実望《さねもち》、上冷泉為広《ためひろ》、高倉永康《ながやす》、飛鳥井雅俊《まさとし》、日野高光《たかみつ》が、同じように将軍の側近として活動した。上冷泉家を除けば、従来の昵近衆の家であり、基本的には将軍側近として政務運営に関与する公家衆は昵近衆のなかから選出されていた。

彼らは将軍への出仕や扈従のほかに、奉書《ほうしょ》（将軍の意向を伝える文書）の発給などで、将軍の政務運営を支えた。さらに義澄は、彼らに官位の昇進を推挙することで優遇した。しかし、彼らは、義澄が没落し義稙が将軍に復帰すると、その立場を失ったのである。当然、再任した義稙の側近にはならなかった。あくまでも義澄個人に奉仕していたのである。

義稙期の葉室・阿野家は、従来の昵近衆でないが、将軍側近として活躍することで、「一代」昵近公家衆として、その家格や立場の向上を得ることができた。しかし、あまりに将軍に近く、政治に関与したことで、光忠は諸大名から憎悪の対象となり、最終的には政変にともなって殺害されてしまった。一方、季綱は数年で病没したこと、後継の季時が若くして死去し、後継に恵まれなかったことで、家としての「譜代」化は行われなかった。

一方、義澄の側近公家衆であった上冷泉家はこののち、「譜代」の昵近衆として残っていく（上冷泉家は歌道で著名だが、もとは同族の下《しも》冷泉家のほうが将軍家との関係は強かった）。これは、義稙の次代である義晴が義澄の子であることも影響しているように、各家には差違がある。

しかし、このような側近公家衆による幕政参加もこののち減少していくことになる。季綱死後に義稙の側近公家衆となった神祇《じんぎ》伯雅業《はくまさなり》王（白川雅業）の活動内容は、この光忠・季綱両名ほど深くなかった。その後、昵近衆含め、将軍の政務運営に直接関与する側近公家衆と呼べるような存在は現れなくなり、将軍使者としての活動が見えるくらいである。

実際に第十二代義晴以降では、昵近衆の扈従はあるものの、政務運営は「内談衆」と呼ばれる武家の側近集団が中心となり、公家衆が含まれることはなかった。代わって義晴期（在職・一五二一～四六）に現れるのが、次項で述べる縁戚の近衛家である。しかし、近衛家は従来の昵近公家衆などの家格をはるかに超える摂関家であり、そのため内談衆のような側近集団の一員にはならなかった。

義晴期以降の昵近衆は、主に将軍に扈従することが中心になり、幕府政治の表舞台からは離れるようになるのである。

将軍家の縁戚

これまで将軍と昵近衆との関係を見てきたが、将軍家の縁戚となった公家衆はどのような存在であったのか。縁戚となった日野家と近衛家の例を見ていく。

①将軍家と日野家

将軍家は第三代将軍義満以降、第十一代将軍義澄に至るまで、その正室を公家のなかの「名家」の家格にある日野家より迎えていた（若くして亡くなった第五代将軍義量《よしかず》、第七代将軍義勝《よしかつ》と、正室を迎えなかった第十代将軍義材〈義尹《よしただ》・義稙〉を除く）。

この両家の関係は非常に深い。まず、日野家が北朝の天皇を輩出した持明院《じみょういん》統（南朝は大覚寺《だいかくじ》統）の近臣にあったことで、北朝の天皇を支える将軍家と深い関係を結ぶのは、当然の結果ともいえる。

また義満の生母と後円融《ごえんゆう》天皇の生母は実の姉妹であり、天皇生母は日野流広橋家の養女となっていた。そして当時の朝廷の有力者であった日野宣子《のぶこ》の存在も大きい。彼女はその姪《めい》の業子《なりこ》を義満の正室にしたことで、両家の関係を密接なものとしたのである。

この結果、将軍家の正室を日野家から迎える例ができた（ただし、第六代義教は当初日野家より正室を迎えたが、のちに正親町三条家の尹子《ただこ》を寵愛《ちょうあい》し、正室として迎える）。そのため、正室の実家である日野家が幕府政治に関与することになるが、その代表ともいえるのが、第八代義政の正室富子の兄、勝光《かつみつ》（一四二九〜七六）である。

②足利義政と日野勝光

将軍の縁戚で、室町・戦国期において最も重要な活動を担ったのは日野勝光であろう。勝光は日野流の裏松《うらまつ》家の出身であり、一時没落していた日野家を再興させた。

勝光は義政正室の日野富子の兄であり、娘が九代将軍義尚の正室にもなったように、将軍家と日野家との深い縁戚関係を築いた。勝光は応仁の乱より以前に義政の側近ともいえる立場にあった。すでにふれたように本来日野家は「名家」の家格にあり、大納言を極官《きょっかん》（最終官位）とするが、勝光は異例の左大臣にまで昇進した。これは幕府内での権勢が背景にある。

また、日野家はもともと「名家」として朝廷の儀礼などの実務にも精通している家であり、勝光も同様である。なお、前述のように日野家は昵近公家衆の一員でもあった。

その勝光を見ていく上で注目されるのは、勝光が「新将軍代」と呼ばれる立場にあったことであろう。義政は文明《ぶんめい》五年（一四七三）に将軍職を辞し、それを義尚に移譲した。その際に勝光は「新将軍代」になったという。ただし、これが正式な職名かどうかは判然としない。

この「新将軍代」とは何か。ここでいう「新将軍」とは義尚のことを指すため、「新将軍代」とは義尚の代官という意味である。しかし、その実態は義尚の代官ではなく、先代の大《おお》御所《ごしょ》義政の代官であった。

当時、将軍が主催し、最終裁定を行う「御前沙汰《ごぜんざた》」という、幕府の中心的な裁判機関があった。将軍権力に直結する重要な機関である。本来それを取り纏《まと》めて、実務を担う奉行衆を指揮していたのが「管領《かんれい》」であるが、当時その管領は存在していなかった。それに代わったのが勝光であった。

勝光は管領に代わって御前沙汰を取り纏め、御前沙汰内で実務を担う奉行衆を指揮して裁判の審議を行っていた。しかし、その最終的な裁許は、当時の将軍義尚ではなく大御所義政にあり、勝光はそれまでの審議を取り纏めて、案件を選別して義政に披露していた。

なお、勝光が基本的に担当したのは、御前沙汰に持ち込まれる案件であり、そのほかの幕府の中心的な裁判機関である「政所沙汰《まんどころざた》」（徳政《とくせい》や動産訴訟などの金融関係を扱う）については、長官（頭人《とうにん》）を世襲する伊勢《いせ》氏が担っており、それに介入する権限はなかった。

勝光が当時の幕府最大の有力者であったと認識されていたことは、当時の史料からも確実である。しかし、実際の権限は無制限というわけでもなかった。しかも、勝光は文明八年（一四七六）に死去してしまい、「新将軍代」としての活動はわずか三年であった。

その後、幕府政治を担うのは妹富子であったが、以後、日野家は将軍正室を輩出するものの、幕府政治を主導する存在は現れなかった。

③将軍家と近衛家

勝光以降、日野家の幕府内での権勢は失われる。これは、勝光以降の日野家当主の早逝が続いたことが影響していよう。このこともあってか、第十二代将軍義晴期（在職・一五二一〜四六）に大きな転換が起こる。将軍正室に従来の日野家ではなく、同家よりも家格が上で、公家社会の頂点にある摂関家の近衛家より正室を迎えたのである。

義晴の正室となったのは、前関白近衛尚通《ひさみち》（一四七二〜一五四四）の娘（慶寿院《けいじゅいん》）であり、その後第十三代将軍となる義輝、第十五代将軍となる義昭を生む。また義輝も近衛稙家《たねいえ》（一五〇二〜六六）の娘を正室に迎えたように、将軍家二代にわたり縁戚を結んだ。

なぜ、日野家に代わり、近衛家が正室となったのか。この婚姻の背景には、当初義晴を擁立した細川高国《たかくに》（一四八四〜一五三一）の存在がある。高国は第十代将軍義稙を支えた有力大名であるが、義稙と対立した結果、義稙が出奔してしまった。

その後、高国は第十一代将軍義澄の子である義晴を擁立するのである。近衛尚通室である徳大寺《とくだいじ》維子《ふさこ》の実家、徳大寺家が高国と縁戚関係を持っていたのである（ただし、徳大寺家と将軍家との関係はあまり強くない）。

義晴の婚姻の際には、すでに高国は「大物崩《だいもつくず》れ」（一五三一年の天王寺《てんのうじ》の戦い）により死去していたが、高国との人的関係が要因になり、この縁組みに発展したと理解できる。特に、当時義晴の兄弟で、義晴と敵対する堺公方《さかいくぼう》の足利義維《よしつな》一派との争いに終止符も打ち、さらに政権の安定性を得るために摂関家との縁組みを図ったものと思われる（一方の義維には同じ摂関家の九条家が近づく）。

この婚姻について、湯川敏治氏は近衛家を介して将軍家と朝廷との関係が強化されたという（湯川：二〇〇五）。

近衛家で特徴的なのは、同家当主のみならず、義晴正室本人や、兄弟など一門全体で、幕府内外の事柄にかかわっていたことである。

特に義晴正室の兄であった当主近衛稙家のほか、久我《こが》家の養子となった久我晴通《はれみち》（愚庵。一五一九～七五）、聖護院門跡《しょうごいんもんぜき》の道増《どうぞう》（一五〇八～七一）、大覚寺門跡の義俊《ぎしゅん》（一五〇四～六七）などの兄弟である。これらの近衛家出身の兄弟は、義晴・義輝、さらに最後の将軍である義昭の時代まで、将軍家縁戚として活動している。特に近衛家の主たる活動は、公武間交渉や、将軍家と諸大名との取次などであった。

また、義晴・義輝が政情不安により、京都より近江に動座すると、従来の昵近衆と同様に現地に一緒に滞在し、将軍家に近侍していた。

また、近衛家は将軍家縁戚という立場から、公家衆から便宜を図ってもらうように依頼を受けることもあるし、自身の利権のために将軍を利用しようとするところもあった。特に、義晴は訴訟などで近衛家を優遇することもあり、縁戚として利益を蒙ることもあった。

しかし、近衛家の場合は、同じ将軍家の縁戚であった前述の日野勝光や義澄・義稙期の側近公家衆のように、御前沙汰での審議運営について直接関与することはなかった。

このように近衛家は将軍家の縁戚として活動してきたが、その後これまでの関係は最後の義昭期に一変する。当時の当主近衛前久《さきひさ》（一五三六〜一六一二）と義昭の関係が事実上対立関係になったのである。義昭は前久を朝廷より追放した。

これによって、近衛家当主が幕府に関与することがなくなり、義昭は正室自体を取らなかった。しかし、それでも前久の叔父である久我晴通は、義昭期にも外交交渉を担っており、将軍家と近衛家の関係が一切断絶したわけではなかった。

以上のように、将軍家の縁戚にあたる日野家、近衛家は直接ないし、間接的に幕府政治に関与していた。これは将軍の正室も含まれる。当然その背景は、将軍の縁戚という立場からくるものであり、他の公家衆や諸勢力などから幕府への便宜を期待され、それに応えることで、さらにその影響力を増していったのである。

しかし、それも永続的ではなく、将軍個人との関係によっては破綻する場合もあった。

将軍と公家衆との関係の終焉

このように、足利将軍家と公家衆は室町・戦国期にかけて緊密なつながりを持っていたが、その画期はおおむね第三代将軍義満に求められる。

以後、縁戚となる日野家・近衛家、昵近衆（側近公家衆含む）などが将軍の政務運営や、公武間交渉を担うことで将軍権力を支えてきた。反面、奉公する昵近衆は、官位や家格の上昇などで優遇されることもあり、「御恩と奉公」ともいうべき関係が成立していた。

しかし、昵近衆のうち、縁戚の日野家を除けば、将軍側近として政権運営に積極的に関与するのは、義植・義澄期である。その後は将軍御所への出仕や扈従などに限定され、将軍の側近として政権運営に関与することがなくなる。それでも将軍と昵近衆との関係はなお継続していた。

代わって台頭したのが縁戚の近衛家であった。また、将軍側近となった昵近衆の活動内容は、公武間交渉以外は衣装も含めて基本的には武家の側近との差違はなく、視覚的にも現代からイメージされる公家衆という認識から離れる必要があろう。

このような将軍家と公家衆・昵近衆の関係は、最後の将軍である義昭期に終焉《しゅうえん》を迎える。義昭期には、従来の側近公家衆や縁戚のように積極的に政権を支える公家衆（久我晴通のみは例外）はおらず、昵近衆も扈従などの形式化した活動が中心であった。

しかも、元亀《げんき》四年（天正《てんしょう》元年、一五七三）に京都を義昭が没落すると、彼に扈従する公家衆が現れなかったのである。これまで政情不安などにより将軍（前将軍含む）が京都より地方に没落すると、必ずそれに扈従した昵近衆が存在していた。

義昭はその後天正四年（一五七七）に毛利《もうり》氏の領国である備後《びんご》の鞆《とも》（現在の広島県福山市）に動座するが、その後も追従する公家衆は一切現れなかった。それだけでなく、朝廷自体も現職の将軍である義昭を事実上無視するようになり、義昭と音信を取る公家衆もなくなる。

これによって戦国期も一応は継続してきた将軍家と昵近衆との関係は、義昭の没落によって、「御恩と奉公」の関係が切れ、断絶するのである。

〔主要参考文献〕

家永遵嗣『室町幕府将軍権力の研究』（東京大学日本史学研究室、一九九五年）
木下昌規『戦国期足利将軍家の権力構造』（岩田書院、二〇一四年）
高梨真行「将軍足利義輝の側近衆―外戚近衛一族と門跡の活動―」（『立正史学』八四、一九九八年）
瀧澤逸也「室町・戦国期の武家昵近公家衆―その構成を中心として―」（『国史学』一六二、一九九七年）
湯川敏治『戦国期公家社会と荘園経済』（続群書類従完成会、二〇〇五年）

8 朝廷官位を利用しなかった信長、利用した秀吉
【天下人の政治支配】

遠藤珠紀

急速に進む研究

昭和天皇から平成天皇への代替わりが行われた一九八〇年代、明治以前の天皇制・朝廷制度が注目されるようになり、織豊《しょくほう》期の朝廷研究も進んだ。これまで権力が衰退し、形骸化《けいがいか》しているとされてきたこの時期の朝廷の在り方についても、史料に基づきその実態を明らかにする必要性が説かれている。

そうした中で、織田信長・豊臣秀吉の二人の天下人《てんかびと》と朝廷との関係については、武家官位の叙任、勅命講和、正親町《おおぎまち》天皇の譲位、行幸《ぎょうこう》、さらに禁裏御料《きんりごりょう》をはじめとする経済面など、様々な論点からの研究が行われてきた。とくに信長と天皇・朝廷との関係については、二〇〇〇年代に入って急速に研究が進んでいる。従来は対立的な関係であると捉えられることの

多かった信長と天皇であるが、近年は協調的な関係と考える研究者が多い。

信長と朝廷の関係は永禄《えいろく》十年（一五六七）から確認できる。元亀《げんき》年中（一五七〇～七三）、いわゆる「信長包囲網」が布《し》かれていた時分には、敵対する武田信玄《しんげん》に信長追討の命令が送られたこともある（『勧修《かじゅう》寺家《じけ》旧蔵記録』）。

この頃の朝廷にとっては、信長の存在もこれまでもたびたび登場しては消えた有力者の一人であり、万が一の時には別の有力者に、と両天秤《りょうてんびん》にかけていたのであろう。しかし、京都周辺の帰趨《きすう》が明らかになってきて以降は、信長と対立することはなかったように思われる。秀吉に対しても同様で、正親町院は孫の後陽成《ごようぜい》天皇に「秀吉に対して気ままをしないように」と注意している（『宸翰英華《しんかんえいが》』）。

では信長・秀吉は、朝廷とどのように接したのだろうか。先述のとおり、これには様々な論点が存在するが、本稿では「官位・姓」の問題から信長・秀吉の動きを追っていく。二人の昇進のあらましは表1（一六五頁参照）に示したので、参照していただきたい。これまであまり注目されてこなかった史料を使って、いくつかのエピソードを紹介しつつ両者の関係を探っていきたい。

官位叙任の儀式

朝廷の組織・身分秩序の基本になっているのは、律令制で定められた官職（官途《かんと》）と位階である。一般に両者はおおよそ連動して昇進する（官位相当制）。また現在でも多くの会社で、営業畑・経理畑などと言われるように、どのような官職を経て昇進していくか、ルートが形成されており、家柄や慣習によってかなり複雑な制度となっていた。

こうした官位の叙任手続きは時代によって変化した。本来は天皇の御前で、大臣以下が参仕して、年二度の「除目《じもく》」（官職を決める儀式）、年一度の「叙位」（位階を授ける儀式）が行われる決まりだった。大臣任命の際には、「任大臣 節会《にんだいじんのせちえ》」という大規模な儀式が行われた。

時代が下るにつれて、手続きは下記の①から③へと簡略化されたものが主になっていく。

① 陣座《じんのざ》（内裏にある公卿《くぎょう》の詰所）で、上卿《しょうけい》（担当公卿）と記録役の参議《さんぎ》の公卿二人が参加して、任命候補者を天皇に奏上し、天皇の決定を受けて、陣座で陣宣下《じんせんげ》の書類を調える（「小除目《こじもく》」）。

② 天皇からこの人を任命するようにとの命令を受けて、陣座で上卿と職事《しきじ》が叙任の書類を調える方式。こうした方式は当時「陣宣下」と呼ばれている。この場合は参加の公卿は上卿一人。

表1 信長と秀吉の昇進過程

信長の昇進過程

和暦	西暦	月	官位	備考
天文23年	1554		上総介	私称
永禄6年ごろ	1563		三介	私称
永禄9年ごろ	1566		尾張守	私称
永禄11年ごろ	1568		弾正忠	私称
天正2年	1574	3月	従五位下	
（天正2年）	1574	（3月）	（従三位参議）	遡及叙任
天正3年	1575	11月	従三位権大納言右大将	
天正4年	1576	11月	正三位内大臣	
天正5年	1577	11月	従二位右大臣	
天正6年	1578	正月	正二位	
		4月	右大将右大臣辞任	

秀吉の昇進過程

和暦	西暦	月	官位	備考
天正3年	1575	7月ごろ	筑前守	
（天正10年）	1582	（10月）	（従五位下左少将）	遡及叙任
（天正11年）	1583	（5月）	（従四位下参議）	遡及叙任
天正12年	1584	10月	五位少将	平姓
		11月	従三位権大納言	
天正13年	1585	3月	従二位内大臣	
		7月	従一位関白	藤原姓に
		9月ごろ		豊臣姓に
天正14年	1586	11月	太政大臣	
天正20年	1592	12月	関白辞任（太閤）	

＊（　）内は後にこの日付で遡及叙任されたもの

③　陣座での手続きも行われず、上卿からの書類のみで任命される「消息宣下《しょうそくせんげ》」。

信長の頃までには、③の消息宣下がほとんどになっていた。またしばしば混同されるが、「陣宣下」をはじめ日時定《にちじさだめ》など陣座で上卿が執り行う様々な政務と、陣定《じんのさだめ》（陣座で行われる公卿会議。織豊期には改元などの時に行われる）などは、いずれも陣座を会場とするため、史料上「陣儀」（陣で行われる儀式の一般名称）という表現で出てくるが、それぞれ異なる性格の儀式であり、参加するメンバーも異なる。

武士と官位

武士たちも「織田上総介《おだかずさのすけ》」「羽柴筑前守《はしばちくぜんのかみ》」など官途を称していた。その官途には、朝廷に申請して正規に与えられたものもあれば、私称していたものもある（一六五頁表1参照）。

信長の場合であれば、「上総介」「尾張守《おわりのかみ》」「弾正忠《だんじょうのじょう》」は私称であったという。武士の場合、その家代々の所縁の官や、何らかの政治的意図を背景に、称する官を選択することが多く、位階との対応や、律令官制上の官の上下関係はあまり意味を持たない。

正規の叙任に伴い朝廷から出される書類では、任命者は織田・羽柴などの家名（名字）ではなく「源平藤橘《げんぺいとうきつ》」に代表される姓氏で示された。信長ならば「織田信長」ではなく「平信長」となる。

姓氏は祖先を同じくする血縁集団で、元来、朝廷では人々をこの姓氏で把握していた。しかし時代が下るにつれ、子孫はどんどん増えていく。同じ姓氏、例えば藤原氏を名乗る者は非常に多数となり、「藤原」だけでは区別が難しくなっていった。そこで便宜的に居住地などから、より特定した呼び名が用いられるようになり、やがて名字・家名として、こちらが主に用いられるようになった。

例えば京都九条《くじょう》に屋敷を持つ人物が「九条殿」と呼ばれ、やがてその家が九条家となる、という類いである。現代であれば、鎌倉に住んでいる親戚《しんせき》を「鎌倉のおばさん」などと呼び、やがて「鎌倉」といえばその親戚を指すようになる、というイメージである。

ところが武士の場合、当初から名字で呼ばれており、姓氏ははっきりしないことが多い。そこで正規の任官の時などに、その時々の必要性にしたがって適宜の姓を用いることがあった。信長は当初「藤原」を、のちに「平」を使用し、秀吉は「平」から「藤原」「豊臣」と改姓している。

信長・秀吉ともに、朝廷とは深い関係のなかった武将だったため、当初は正規の官位を持たなかったが、勢力を強めるに従い、急速に昇進を遂げていった。

次にその過程と朝廷との関係性を見ていこう。

（1）信長と朝廷官位

信長の官位認識

織田信長は、天正《てんしょう》二年（一五七四）三月に初めて位階を得、従五《じゅご》位下《いのげ》に叙され（叙爵《じょしゃく》）、昇殿を許された。この時には、同日に「信長の所に行って書いた」というメモが朝廷に残されている（東山御文庫収蔵勅封一〇一函。金子：二〇一四参照）。その内容は、

> 位については、源平藤橘の四姓の人物は、正六位上《しょうろくいのじょう》として生まれるので、初めて位を給わる時は従五位下になります。これを「叙爵」といいます。正一位は神の位です。（下略）

などと、それぞれの位階、その位の相当の官、さらに公卿・昇殿・地下《じげ》とは何か、といった説明である。信長より、自分の叙される従五位下とは何か、昇殿とは何かというような質問があり、前提から説明をしたのであろう。官職に比べれば、単線の制度である位階も、信長には明確には認識されていなかった様子がうかがえる。

このように信長をはじめとする武士たちは、官職制度も含め朝廷制度・故実に精通してはいなかった（する必要はなかった）ようである。

右大将任官

天正三年（一五七五）十一月、信長は権大納言《ごんだいなごん》、右大将となる。

このうち権大納言は先述の「③消息宣下」、右大将は「①小除目」の手続きで任じられ、信長は儀式を行う場所である陣座の工事を行った。それについて吉田社の神主にして中級貴族だった吉田兼見《かねみ》は、「明後日七日に信長が大納言・右大将に任じられる。そのため信長から陣の座を立てられる。本式を申しつけられたという」と記している（『兼見《かねみ》卿《きょう》記』）。

一方、永禄十三年（一五七〇）の室町幕府最後の将軍足利義昭《あしかがよしあき》の時には、「陣座を仮に取り立て」て、陣宣下が行われた（『言継《ときつぐ》卿記』）。

この二つが対比されるものであると考え、「仮陣座」だった義昭に対して、信長は自身の儀式を本式の陣座で遂行しようとしたとして、信長の義昭への対抗の意思の表れとする説もある。

これに対して金子拓氏は、信長が積極的だったわけではなく、上卿を務めた信長のブレーン三条西実枝《さんじょうにしさねき》の存在に注目すべきであると指摘している。信長の権大納言昇任、右大将任官、任右大臣節会《せちえ》、叙位、信長の嫡男信忠《のぶただ》の任官の際の上卿は、いずれも実枝が務めた。朝廷儀式の復興を推進している人物である（金子：二〇一四）。

筆者も同様に考える。信長が儀式の細部にこだわったわけではあるまい。さらにいえば信長の「本式」を、義昭の「仮陣座」に対応すると捉える必要もなかろう。義昭の時も信長の時も、先に方式①とした「小除目」だった。どちらも②のみや③ではなく、この時期には「本式（正当なやり方）」とされていた「①小除目」の方式を行う、という意味だと考える。

義昭の任官時には内裏《だいり》は荒れており、信長による大規模な修繕が行われ始めたところだった。そのために仮だったのであろう。その後は、信長の右大将任官以前にも「陣座」として使用される場所はあり、日時定（行事の日程を決める会議）などが行われていた。

官人たちへの御訪

さて陣宣下などの儀式を行う際には、参仕した官人に「御訪《おとぶらい》」という手当が払われる。

戦国期以降は、叙任や様々な儀式にかかわる費用（人件費、設《しつら》えや紙の費用など）は、叙任を受ける側、儀式を担当する側の負担となっていた。下級官人の中原康雄《なかはらやすかつ》の日記『中原康雄記』によると、信長の右大将宣下の時には、通常百疋《ひき》ずつである御訪が、官人たちから費用を申請する際の「筆ノアヤマリ」により、倍額の二百疋ずつ下されたという。

翌天正四年（一五七六）十月、信長の内大臣任官の陣宣下（②方式）には、「信長殿の御儀なので」といって下級官人が殺到し、役からあぶれた者も出た。しかしこの時、また翌々年の右大臣任官の時にも、必要経費のほかには御訪が出されなかった。その後は他の儀式でも「アヅチ右府《うふ》」（＝信長）が執り行う場合は、御訪が払われなかった。

その理由を、中原康雄は「新知を給わった故」と聞かされている。公家・門跡《もんぜき》（皇族や上級貴族出身の高僧）たちに対する「新知行給付」は天正三年十一月に行われた。これは従来、公家への経済支援策、朝廷復興の一環、あるいは信長の存在を誇示するものと捉えられている。もちろんそうした要素もあったことは間違いなかろう。

他方で信長としては、朝廷から細々と要求されてくる費用負担を、この新知行分である程度代替する考えもあったのだろう。信長は、同時期に公家たちの中から五人を選び、奉行として朝廷に持ち込まれる諸問題に対処させている。こうした行為からは、自ら朝廷内部の運営に踏み込む気持ちはさほどなかったと推測される。

御訪を払わない方針は、右大将任官時の倍額請求の結果ではないだろうが、折々の御訪を貴重な収入源としていた下級官人たちには打撃であった。中原康雄は「謂《いわ》れなし」「もっとも無理の儀なり」とたびたびこぼしている。なお秀吉期になると、秀吉主催の儀式では御訪は支払われている。

右大臣任官と辞官

天正五年（一五七七）十一月、信長は従二位《じゅにい》に昇り右大臣となる。この時は久しぶりに「任大臣節会」という正式の儀式が行われ、正親町天皇の詔書・勅書が発給された。

この時の詔書の内容が『砂巌《さがん》』という文書集から知られる。そこでは信長を「周の文王」のような功績と徳行を修め、「漢の高祖」のように度量が広い人物であり「一朝の重臣」「中興の良士」であると讃《たた》えている。さらに後半では、摂関家の右大臣一条《いちじょう》内基《うちもと》の左大臣昇任、二《に》条《じょう》昭実《あきざね》の内大臣昇任などが付随する形で命じられている。

通常は大臣任官者が複数いれば、それぞれに昇任理由を記すが、内基・昭実への言及は見られない。かつ内基は信長より上位でありながら付けたりで、信長がメインとなっている。朝廷の主眼は明らかに信長にあった。この後の左大臣推任、三職推任《さんしきすいにん》も含め、全体にこの時期の信長を昇進させようという意図は、本人ではなく朝廷側にあった。

翌天正六年正月、これも正規の叙位の儀式が、約二十年ぶりに行われ、信長は正二位に昇叙された。この時期の公家の大臣はおおよそ正二位であり、急速な昇進に官位のバランスを取ったのであろう。

同年四月に信長は右大臣・右大将を辞任する。この辞任については、以前は信長が伝統的官職制度から自由になることを望んだ、朝廷離れと評価されてきた。しかし近年は、官職の辞任はしたが位階を返上したわけではなく、辞官によって朝廷離れを達成したと見ることはできないと評価されており、筆者も同意見である。

ただし位階は官職と異なり、一度与えられると、よほどの罪を犯して剝奪《はくだつ》されない限りはそのまま保持されるものである（あえていえば英検の級のような……）。その意味では、位階を保持したままであったことを、あまり過大に評価することもできない。

三職推任

最後に、信長と官位の関係で有名なエピソードに「三職推任」がある。天正十年（一五八二）五月に甲斐《かい》武田《たけだ》氏を滅ぼした信長に対して、将軍か左大臣か関白の三職のうちのいずれかに任命するという勅使が派遣された。

この出来事を伝える史料が断片的かつ難解であるために、これまで様々な説が唱えられてきた。問題となったのは、この推任を望んだのが天皇なのか、信長なのか、あるいは信長の京都担当者（京都所司代）の村井《むらい》貞勝《さだかつ》なのか、そして信長の意思はどの官にあったのか、といった点である。

信長は勅使に対して何らかの返答をしたようだが、はっきりした史料は確認されていない。

さらに言えば、どの官を選ぶかによって、信長政権の性質がどのように変わるのか、ここまで見てきたとおり、このことに信長が自覚的だったかも疑問である。

直後の六月一日、本能寺《ほんのうじ》の変《へん》が勃発《ぼっぱつ》し、最終的な結論はついに不明となってしまった。この問題に関しては、現在の段階ではあまりにも不分明な要素が多いというべきだろう。

本能寺の変が起こらず、信長政権がさらに成熟することがあれば、朝廷官位の利用も進められたかもしれない。しかしこの時点までは、信長は積極的に利用する方策は取っていなかったと考えられる。家臣たちの官位の推挙も、秀吉に比べて圧倒的に少ない。

(2) 秀吉と朝廷官位

秀吉の急速な官位上昇

次に秀吉について見てみよう。秀吉の正式の任官は、天正十二年(一五八四)十月に「平秀吉」として従五位下左少将に叙任されたのが最初である(一六五頁表1参照)。

この時平姓を称したのは、信長にあやかったものと考えられている。またこの時、朝廷側では秀吉に将軍任官を提示したが断られた、との噂《うわさ》が流れている(『多聞院日記《たもんいんにっき》』)。これまで秀吉は将軍就任を希望していたが、源氏でないためになることができず、関白となった、と考えられてきた。しかし近年では、これは江戸時代に林羅山《はやしらざん》によって作られた話で、秀吉はとくに将軍職を望んでいなかった、と明らかにされている（堀：二〇一一）。

同十一月には従三位《じゅさんみ》権大納言、翌十三年三月に従二位内大臣と一足飛びに昇進を遂げる。ただしこの間の昇進については、後年、天正十年十月三日に従五位下左少将、天正十一年五月二十二日に従四位下参議、と日付を遡らせた書類を作らせている（三鬼清一郎氏）。このように日付を遡っての叙任は、これ以前からしばしば行われていた（遡及叙任）。

天正十三年（一五八五）三月、秀吉は「②陣宣下」方式で内大臣になる。そして七月、秀吉は二条家と近衛《このえ》家の摂関家同士の争いに便乗する形で従一位関白となった（「②陣宣下」方式）。史上初の「武家関白」である。

この時摂関家の一人近衛前久《さきひさ》の猶子《ゆうし》（養子の一種）という形で、それまで名乗っていた平姓を藤原姓に改めた。さらにその少し後に、よく知られた豊臣姓を名乗るようになる。

武家関白については、これまでも多くの研究があるが、ここでは少し異なる観点から、豊臣姓の創出に至るまでをご紹介する。

座次相論と秀吉の裁定

秀吉が関白に任官した直後、親王・摂関家・門跡の間で席次の上下を巡る争いが起きた。秀吉は関係者を集め『職原抄《しょくげんしょう》』『釈家官班記《しゃっけかんぱんき》』などの書物を参照しつつ裁定を下した。

『職原抄』は、南北朝時代の南朝の重臣北畠《きたばたけ》親房《ちかふさ》（一二九三〜一三五四）が著した官職に関する故実書である。朝廷の数々の官職について、その仕事内容、役所の起源・沿革を中国の典籍や故実も引用しながら詳述し、どういった人物が任じられるべきか、慣例などが記されている。『釈家官班記』は、青蓮院尊円法親王《しょうれんいんそんえんほうしんのう》（一二九八〜一三五六）が記した僧の官職に関する故実書である。

ところで、この天正十三年（一五八五）七月に清原《きよはらの》枝賢《えだかた》（雪庵道白）が書写し、秀吉に献上した『職原抄』が現在、五島美術館に伝えられている。

この書を献上した清原枝賢は、朝廷の人事関係の事務を仕切る外記《げき》局という役所の長官を代々務める家柄に生まれ、儒教の大学者としても有名だった。大内義隆《おおうちよしたか》や松永久秀《まつながひさひで》などの有名な武将にも講義を行っている。秀吉に朝廷のしきたりを説明するのにふさわしい人物といえよう。なお孫の秀賢《ひでかた》は、秀吉の子秀頼《ひでより》に『十七条の憲法』や『大学』の講義を行っている。

さらに十一月、清原枝賢はもう一冊『百《ひゃっ》官《かん》和《わ》秘《ひ》抄《しょう》』という官職の故実書を書いて秀吉に献上した。なぜ枝賢はわずか四カ月をおいて、似たような性格の書物を献上したのか。先に献上された『職原抄』は、すべて漢文で書かれており、様々な故実を引用して簡単には読むことができない。公家たちも勉強会を開いて、識者の講義を受けつつ学ぶ書物である。

これに対して『百官和秘抄』は、ひらがなが主体であり、それぞれの官が何を仕事とする官で、どういう人が任じられるべきかが端的に記されている。例えば、頭弁《とうのべん》は「車の軸・楔《くさび》のようなものである」、左大史《さだいし》は「扇の要《かなめ》である」などの喩《たと》えが使用され、かみ砕いた平易な表現が用いられている。より初学者向けのテキストとして書かれたのであろう（ただし、枝賢がちゃっかりと自分の家のアピールを加えている部分もある）。

秀吉の目の前では、複雑な家柄意識や慣習を楯に、公家たちが序列を争っており、さらに目前には正親町天皇の譲位と新天皇の即位も予定されている。秀吉は、朝廷の官職制度やその沿革を学ぶことを急務と考えたであろう。このような状況下で『職原抄』を手に入れた。しかしやや難解であったために、さらにもう少しわかりやすいものを、と枝賢に求めたのであろう。秀吉は、これらを参考書に朝廷官職の学習をしたと考えられる。

豊臣への改姓

関白となった秀吉は、やがて藤原姓から新たに創設した豊臣姓に改姓する。以後、主だった武士たちにも豊臣姓が与えられ、官位に叙任された。

秀吉の甥《おい》豊臣秀次《ひでつぐ》の関白就任時には、「豊氏《ほうし》長者《ちょうじゃ》とする」と命じた天皇の命令書が残されている（『豊臣家文書』）。「氏長者《うじのちょうじゃ》」とは、その姓氏の中でもっとも官位が高い者が任じられ、氏の統率、氏爵《うじのしゃく》の推挙、氏社・氏寺の管理などを行う立場である。秀吉は新たに「豊臣氏」を作り、自らが氏長者となり、配下の諸将を擬制的な一族として統率にあたったのである。

秀吉が諸将を推任するにあたり氏長者の権限である「氏爵」を利用した、とする考え方もある。しかし氏爵とは、叙位で氏人を一人五位に推挙できる権利であり、秀吉のように大量かつ高位高官に推挙することは氏爵の範囲からは外れる。

また矢部健太郎氏が明らかにされたように、秀吉は諸将を官を基準として、清華成《せいがなり》・公家《くげ》成《なり》・諸大夫成《しょだいぶなり》という家格に分け、統制を行った（次頁表2参照）。小牧《こまき》・長久手《ながくて》の戦い（一五八四年）の後、徳川家康に臣従を促す際にも、官位を利用している側面がある。秀吉は、信長に比べて朝廷のしきたりを利用した政治を行っていたといえる。

もちろん秀吉も、朝廷の複雑なしきたり・序列意識に精通していたとは考えがたい。信長と同様、自ら関白として朝廷儀式の現場に臨むこともなかった。先述の『百官和秘抄』などであらましを押さえていたとはいえ、自身がこうした制度の利用を考えだしたわけではなかろう。

大村由己《おおむらゆうこ》の『関白任官記』や松永貞徳《ていとく》の『戴恩記《たいおんき》』には、秀吉の要請を受けて故実に詳しい右大臣菊亭晴季《きくていはるすえ》が豊臣姓を選んだとある。この菊亭晴季をはじめとするブレーンの存在が想定される。三条西実枝をはじめとする信長のブレーン、菊亭晴季らの秀吉のブレーンの存

表2　豊臣政権の官位による武家の家格（概略）

家格	対応するおおよその官位	該当者
（摂関家）	関白	秀吉・秀次
清華成	参議以上で清華成の勅許を受けたもの	秀長・秀次・徳川・毛利・上杉・前田・宇喜多・小早川・織田
公家成	従四位（五位）下侍従	有力大名
諸大夫成	従五位下	その他直臣など。清華成大名の家臣も
その他	無位無官など	それ以外の武将

在も、今後注目される。

では、豊臣への改姓の時期はいつなのだろうか。『押小路《おしのこうじ》文書』（朝廷の事務部局に伝えられた文書群）の中に、天正十三年（一五八五）九月九日付で豊臣への改姓を申請する書類と、それを許可した書類が残されている。

ただし、この時期の公文書は、日付を遡らせたり、あるいは遅らせて発給されることもあった。この書類の存在から、直ちにこの日に改姓が行われたかどうかは不明である。

これまでの研究では、秀吉の改姓はこの年ではなく、翌天正十四年末に後陽成天皇の即位にあたって秀吉が太政大臣に任じられた時と考えられていることが多い。

一方で天正十三年八月吉日に書いたという奥書を持つ大村由己の『関白任官記』は、秀吉が新しい姓を創出するところで結ばれている。この奥書を信じれば、豊臣への改姓は八月までには定められていたことになる。なお天正十三年は、八月の後に閏《うるう》八月があるので、九月九日からは一ヵ月以上前になる。

いずれにしてもこの『関白任官記』は、秀吉の監督下にある書物である。その中で本能寺の変後、関白任官から豊臣姓創出までが一連のこととして記されていることは注目される。

そこでまず、改姓を申請したとされる九月九日前後の秀吉の行動を追ってみよう。秀吉は八月初めから北国攻めに赴いており、閏八月半ばに帰陣する。そして京都に数日滞在した後に大坂に戻った。さらに九月三日に大和郡山《やまとこおりやま》に、八日からは大坂、さらに有馬《ありま》に滞在しており、この九月中は京には不在である。改姓の申請にあたり、秀吉が在京している必要は必ずしもないとはいえ、やや不審である。

また文書の日付が、九月九日という「重陽《ちょうよう》の節句」のめでたい日であることも、いささかの作為を感じる。書類上は多少日付をずらして吉日を選んだ可能性もあるが、次に述べるエピソードからも、この時期に改姓したことは間違いなかろう。

「豊臣」秀吉政権のお披露目

さて実際に「豊臣」姓が史料上に初めて見えるのは、翌十月六日である。秀吉は、一日に上洛する。二日には、秀吉の元に公家・門跡たちが参礼のため大挙して集まった。六日、秀吉は参内する。これは関白となった後初めてのことであった。この時、羽柴秀《ひで》長《なが》・秀次をはじめ十人が公家成、二十余人が諸大夫成を遂げ、さらに長岡《ながおか》（細川《ほそかわ》）幽斎《ゆうさい》ら出家していた側近は法印《ほういん》に任じられた。

この時の任官者のうち、片桐直盛《かたぎりなおもり》・稲葉典通《いなばのりみち》など一部の人物については、口宣案《くぜんあん》（任官にあたって出される書類）の文面が知られている。これを見ると、いずれも「豊臣」氏として叙任されている。現在書類は残っていないが、おそらく秀長以下も同様だったであろう。

ということは、すでに「豊臣」姓が創設されており、配下の将たちに与えられていたために、豊臣姓での叙任となったのであろう。遅くともこの参内以前には、豊臣姓が創設されていた。六日の参内の様子については、奈良の僧が記した『多聞院日記』に「秀吉新王なり」と表現されており、盛大なものだったことがわかる。

翌七日には、宮中で秀吉主催の茶会が催され、正親町天皇・誠仁《さねひと》親王（正親町天皇の皇子。皇位継承予定者）・和仁《かずひと》王（誠仁親王の皇子。のちの後陽成天皇）、摂関家・門跡以下が残らず参加した。天皇・誠仁親王・和仁王の三人には、秀吉が自ら茶をたて、名物茶器を献上した。著名な茶人千利休《せんのりきゅう》に居士《こじ》号が与えられたのもこの時である。

八日には公家成・諸大夫成の諸将が秀吉の許に参礼した。さらに九日、秀吉・京都所司代の前田玄以《まえだげんい》・聖護院門跡道澄《どうちょう》（近衛前久の兄弟）・連歌師の里村紹巴《さとむらじょうは》・長岡幽斎ら十人が、「夢想連歌」を行ったようである（天理図書館所蔵連歌集）。夢想連歌とは、夢のお告げで得た句を発句《ほっく》として行う連歌であり、この時は秀吉の夢が題材とされた。
その発句（一句目）、秀吉による脇句《わきく》（二句目）以下一部を掲げる。

ゆたかにも公家殿上《てんじょう》人《びと》のこゝち哉《かな》　松（秀吉）
春を待《まち》ぬる松のみとりかな　紹巴（里村）
霜にけさ砌《みぎり》の鶴の巣を出《いで》て　白（道澄）（中略）
四方《よも》にひかりのさやかなる空　旨（幽斎）
氏のさかへを世にかそふる　叱（里村昌叱《しょうしつ》）（後略）
つき〳〵にのほりしてゆく司《つかさ》にて

秀吉が夢で得た「豊かにも公家殿上人（臣）の心地」と謳《うた》う発句は、まさに「豊臣」の姓を含意する。直前の新姓の創設、豊臣姓諸将の大量叙任を寿《ことほ》いだものであろう。これに応えた秀吉の句も、「春を待つ松（松は秀吉が連歌の折に用いる一字名）の栄え」を謳っている。以下、紹巴・道澄らによる秀吉の長寿、治世の静謐《せいひつ》、氏の繁栄を祝う句が続く。なお道澄・紹巴・幽斎は、天正十年（一五八二）十月の信長追善供養の時にも連歌会を催しているメンバーである。この九日の連歌会も内々であろうが、秀吉の得意顔が目に浮かぶようである。

この十月の一連の儀式は、これまで注目されてこなかった。しかしこのように見ていくと、新たな「豊臣」秀吉政権のお披露目《ひろめ》として、大きな意味を持っていたと位置づけることができよう。

おわりに

以上、本稿では信長・秀吉と朝廷に関するエピソードを紹介してきた。両者を比較すると、信長は朝廷と対立してはいないが、積極的な介入もしていない。他方、秀吉は朝廷の制度を自らの支配に利用しようとする傾向があったといえる。

織豊期の朝廷関係の史料は、多数残されており、まだ十分に検討されていないものも多い。また織豊期以前、以後の朝廷研究も進められている。史料を読み解き、また前後の時代との連関も含めて検討することによって、天下人と朝廷の関係についても、新たなイメージが描かれていくことであろう。

〔主要参考文献〕

石上英一ほか編『天皇権力の構造と展開』(「講座・前近代の天皇」二、青木書店、一九九三年)

堀新『織豊期王権論』（校倉書房、二〇一一年）
藤井讓治『天皇と天下人』（「天皇の歴史」五、講談社、二〇一一年）
矢部健太郎『豊臣政権の支配秩序と朝廷』（吉川弘文館、二〇一一年）
遠藤珠紀「足守木下家文書に残る三通の位記の再検討」（『日本歴史』七七八、二〇一三年）
金子拓『織田信長〈天下人〉の実像』（講談社現代新書、二〇一四年）
遠藤珠紀「徳川家康前半生の叙位任官」（『日本歴史』八〇三、二〇一五年）

9　豊臣時代からじょじょに朝廷に食い込む家康

【近世朝廷・公家再生への道】

久保貴子

叙爵と改姓

徳川家康は、天文《てんぶん》十一年（一五四二）三河国《みかわのくに》岡崎《おかざき》城（愛知県岡崎市）で松平《まつだいら》広忠《ひろただ》の嫡男として誕生した。「松平」は、三河国加茂《かも》郡松平郷（現在の愛知県豊田《とよた》市松平町）を発祥の地とする在地領主で、古代の豪族賀茂《かも》氏の血筋といわれる。

一方で、この「松平」には、清和《せいわ》源氏《げんじ》の新田《にった》氏の末裔《まつえい》という伝承がある。家康の八代前の親氏《ちかうじ》が、新田義重《よししげ》の四男で上野国《こうずけのくに》新田庄世良田《せらだ》得川《とくがわ》郷（現在の群馬県太田市世良田町）を領した得川義季《よしすえ》の子孫というのである。この伝承は、家康の祖父清康《きよやす》の代には成立していた。

永禄《えいろく》三年（一五六〇）家康は、桶狭間《おけはざま》の戦いを機に今川《いまがわ》家から独立し、織田信長と同盟を結んで戦国大名として自立の道を進み始める。『徳川家康文書の研究』（日本学術振興会）などによると、永禄四年（一五六一）から六年（一五六三）にかけて家康が出した文書のなかに「源《みなもと》」と記したものがあり、同九年（一五六六）六月時にも使用が確認されるので、家康もまた源氏を称していた。

ところが、永禄九年十二月二十九日（実際に任官の勅命を伝える文書が出されたのは翌年一月三日）、家康は、名字を「松平」から「徳川」に改め、本姓（氏）を「藤原」にして、従五位《じゅごいの》下《げ》・三河守に叙任される。これが、家康と朝廷との最初の接点で、家康側からの要望による叙任であった。

当時の官位には身分序列の機能があったため、戦国大名は必要に応じて利用し、朝廷もまた彼らの取り込みや献金に対する恩賞として用いていた。

小豪族出自の家康は、三河一国の平定にあたって、今川・武田《たけだ》をはじめとする周辺の名族出自の大名・武将を意識したのであろう。しかし、叙任は簡単には進まなかった。正親町《おおぎまち》天皇が、公家社会では先例のないことはなりがたいと難色を示したのである。

このため、天皇に執奏《しっそう》した（取り次いだ）関白近衛前久《このえさきひさ》は、公家の吉田兼右《よしだかねみぎ》が見つけ出した先例を示して、ようやく天皇の勅許を得たという。兼右が見つけたのは、諸家の系図にも載っていないもので、「徳川」は源家で二流あり、惣領《そうりょう》の筋（義季の長子頼有《よりあり》系）が「藤氏」（藤原氏）になった例であった。

しかしここで疑問なのは、得川義季に系譜をつなげるのであれば、なぜ本姓（氏）をあえて「藤原氏」にしなければならなかったかである。考えられるのは、武家側から叙任を願い出る場合、誰が推挙するのかという問題である。

室町時代は基本、足利《あしかが》将軍だったが、十三代義輝《よしてる》横死後は混乱のため別の推挙者（公家）が必要となった。

永禄九年（一五六六）三月、常陸国《ひたちのくに》（茨城県）の結城政村《ゆうきまさむら》が山科言継《やましなときつぐ》を通じて伊勢守《いせのかみ》に任官した際、その過程で両家が同じ四条《しじょう》流藤原氏であることが話題に上っていることは示唆的で、この論理を当てはめれば、源氏の「氏の長者」久我通俊《こがみちとし》が形式上適任と思われるが、通俊は当時、天皇の不興を買っていてむずかしかった。

また源氏の場合は、いまだ足利将軍の推挙が望まれていたのかもしれない。とすれば、源氏での叙任は困難で、推挙者近衛前久の「藤原氏」（前久が氏の長者）に合わせる必要が生じたと考えられる。

家康の献金

一方、正親町天皇は、この叙任の事実上の見返りとして、年頭の四方拝《しほうはい》（天皇が天地四方と山陵を拝する行事）の費用を出すよう家康に求めた。

禁裏《きんり》の儀礼・行事を行う費用は、室町幕府が負担していたが、すでにそれはかなわず、四方拝のような年中行事すら大名からの献金が頼りだったのである。一般には、大名からの進献《しんけん》に対する恩賞として叙任（武家が望んでいるかどうかは別）する場合が多いが、家康の場合は逆であった。

家康は、永禄十一年（一五六八）今度は左京大夫《さきょうのだいぶ》に任官され、引き続き、朝廷とは官位叙任を通してわずかなつながりがあった。そのためであろうか、永禄十二年（一五六九）七月、正親町天皇が、父後奈良《ごなら》天皇の十三回忌法会《ほうえ》の費用調達のため、山科言継を三河の家康に派遣する。

言継は、その途中岐阜で織田信長に対面した。信長は用件に驚き、家康は駿河《するが》境に在陣中であり、自分から飛脚で知らせるので岐阜に逗留《とうりゅう》するよう言継に言い、費用調達が不調の場合は自分が用立てると内々伝えてもいる。結局、家康は二万疋《ひき》を進上した。法会は九月に無事行われ、十一月、天皇は費用進上への礼を述べた女房奉書《にょうぼうほうしょ》（天皇に近侍《きんじ》する女房が、天皇の命を奉じて出す文書）を言継に渡す。これによると、礼として緞子《どんす》五反が家康に遣わされている。

足利義昭《よしあき》と信長の入京後、天皇は、禁裏の費用負担の多くを十五代将軍となった義昭や信長に求めたが、右に紹介したように、彼らに限っていたわけではないようである。

ただ、信長の対応を見ると、天皇と他の戦国大名が信長を介さずにつながることを好まなかったと推察できる。天下をめぐる戦いはまさに始まったばかりで、信長には、天皇・朝廷を掌中に収めておく必要があったのである。

秀吉政権下の家康

その後長く、家康と天皇・朝廷との接触は確認できず、官位の昇進もなかった。動きが出るのは、豊臣政権下に入ってからである。

天正《てんしょう》十四年（一五八六）九月七日付の寺院宛文書に「三位《さんみ》中将藤原家康」と記されているので、この頃には従三位・（左近衛権）中将に叙任されていたことが確認でき、さらに言えば、京都大学所蔵の勧修《かじゅうじ》寺家文書により同年六月には従三位・参議（中将は兼官）に叙任していたと推測される。関白豊臣秀吉が、家康に上洛《じょうらく》・臣従を促している時期であり、秀吉の懐柔策の一環だったのかもしれない。

同年十月、家康が上洛すると、十一月、秀吉は、家康を弟秀長《ひでなが》とともに正三位《しょうさんみ》・権中納言にした。正親町天皇が孫の後陽成《ごようぜい》天皇に譲位する直前であった。

翌十五年（一五八七）八月八日には、秀長と同時に従二位・権大納言に昇進する。これらの叙任はいずれも、秀吉によって進められたもので、天皇や家康の意思は見られない。

天正十六年（一五八八）四月、後陽成天皇が聚楽第《じゅらくてい》に行幸する。このおりの武家の身分序列は、関白・太政大臣の秀吉以下、内大臣織田信雄《のぶかつ》・権大納言徳川家康・権大納言羽柴《はしば》（豊臣）秀長・権中納言羽柴（豊臣）秀次《ひでつぐ》・参議宇喜多秀家《うきたひでいえ》であった。信雄は、二年後改易《かいえき》され出家する。

ところで、家康は、聚楽行幸の際に諸大名が提出した誓詞に「大納言源家康」と署名しており、「藤原」から「源」に改姓していることが確認できる。後年、近衛前久が嗣子《しし》信尹《のぶただ》に宛てた書状のなかで、是庵如雪《ぜあんじょせつ》が改姓の理由を、将軍を望んでいるためと語ったことが記されている。

このため、天正十六年（一五八八）一月に足利義昭が上洛して出家し、足利将軍家が消滅したことが改姓の画期になったとの見方がある。ただ、この時期の源氏改姓には、秀吉の承諾が必要であると考えるべきで、文禄《ぶんろく》四年（一五九五）以降、家康は豊臣姓を下賜され、慶《けい》長《ちょう》五年（一六〇〇）に再び源姓に改めたとの指摘があり、右の如雪の弁は慶長時のものとの見解もある。

聚楽行幸初日の饗宴《きょうえん》、三日目の歌会に参加している家康は、天皇と顔を合わせたはずだが、いまだ参内《さんだい》（宮中に参上）したことはなかった。初めての参内は、ようやく天正二十年（一五九二）三月十三日、朝鮮侵略の前線基地となった肥前名護屋《ひぜんなごや》（佐賀県唐津《からつ》市）に下る直前になってである。

文禄五年（一五九六）五月八日、正二位・内大臣に昇進すると、同月十三日、秀吉が嗣子秀頼《ひでより》を伴って参内した際、秀吉から車の使用を許され車に乗って供奉《ぐぶ》（行列に加わる）している。このとき禁裏で行われた謡《うたい》では、家康も扇で舞った。

こうして、秀吉に官位を引き上げられることで、家康は間接的ながら、天皇との接触の機会を得るようになっていく。

後陽成天皇の譲位発言

慶長三年（一五九八）八月十八日、秀吉が没する。

その数日前、後陽成天皇も体調を崩した。母の勧修寺晴子《はれこ》や皇弟らが見舞い、摂家以下の公家衆も見舞いを申し入れた。また武家との交渉などにあたる伝奏《てんそう》の勧修寺晴豊《はれとよ》・中山親綱《なかやまちかつな》・久我敦通《あつみち》が伏見《ふしみ》に遣わされ、所司代前田玄以《まえだげんい》に医者の手配を求めた。

天皇の不調はその後多少快復したが、九月に入って再び発し、二日からは医者の曲直瀬玄朔《まなせげんさく》を中心に治療が続けられる。同月二十二日、家康も見舞いの使者を送り、二十八日には薬種も進献した。病気平癒の祈禱《きとう》や護摩も禁裏をはじめ所々で行われた。

こうしたなか、十月十八日、天皇は長引く病気を理由に譲位の意向を表明した。天皇に近侍する女房の執務日記である『お湯殿上《ゆどのうえ》の日記《にっき》』によれば、天皇は譲位の意向を、三伝奏を通して所司代の玄以に伝えさせた。玄以は、突然のことでどうかとは思うが、病気のためということなので、叡慮《えいりょ》次第（天皇の考え次第）と答えた。

さらに天皇は、玄以を禁裏に参内させ、宮をはじめ摂家以下の公家らを参集し、このことを申し渡すよう命じた。玄以はこれを受けて、禁裏の清涼殿《せいりょうでん》に皆を招集して伝え、意見を聞いた。その結果、分別《ふんべつ》がない（軽率である）とは思うが、病気なので叡慮次第とおのおの答えたという。

この記事から、突然の意向に困惑しつつ、病気が理由なので致し方ないという雰囲気だったことがうかがわれる。こうして譲位は一応行われる方向になった。

ただ、このときの談合は譲位の有無のみで、誰に譲位するかは話題に上っていない。というのは、玄以も摂家らも秀吉が儲君《ちょくん》（皇継者）に定めていた第一皇子の良仁《かたひと》親王だと疑っていなかったからであろう（次頁の系図参照）。

ところが三日後、天皇は皇弟の八条宮智仁《はちじょうのみやとしひと》親王に譲位したいと三伝奏を通じて玄以に伝え、摂家や、家康らいわゆる五大老にも伝えられた。天皇のこの発言により譲位問題は紛糾する。

第一皇子の良仁親王は、天正十六年（一五八八）五月、後陽成天皇に仕える大典侍《おおすけ》（中山親

【天皇家略系図】（＝は婚姻関係を示す）

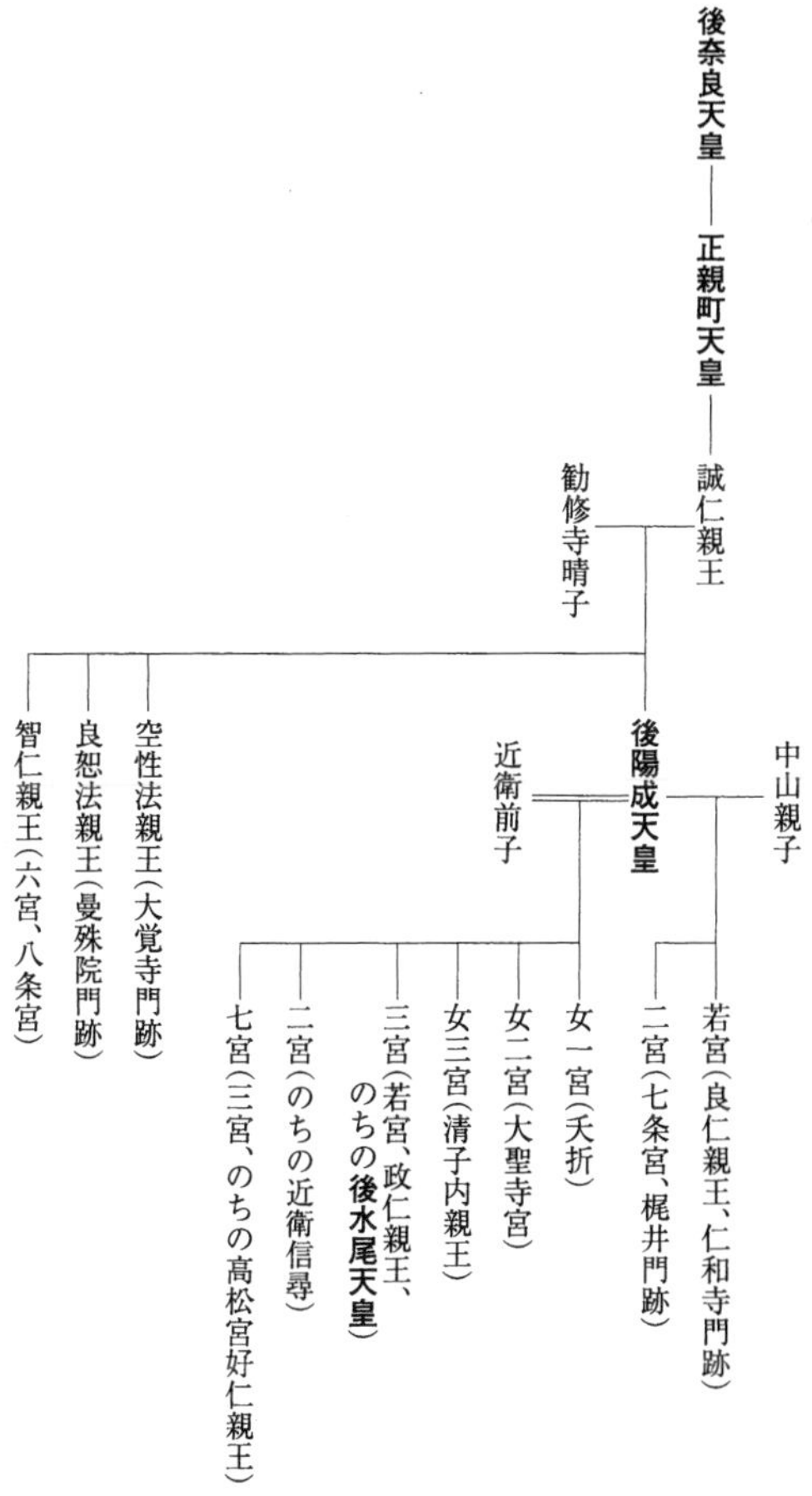
後奈良天皇
正親町天皇
誠仁親王
勧修寺晴子
中山親子
後陽成天皇
近衛前子
若宮（良仁親王、仁和寺門跡）
二宮（七条宮、梶井門跡）
女一宮（夭折）
女二宮（大聖寺宮）
女三宮（清子内親王）
三宮（若宮、政仁親王、のちの後水尾天皇）
二宮（のちの近衛信尋）
七宮（三宮、のちの高松宮好仁親王）
空性法親王（大覚寺門跡）
良恕法親王（曼殊院門跡）
智仁親王（六宮、八条宮）

綱の娘親子《ちかこ》）を母として誕生した若宮のことである。大典侍は、同十九年（一五九一）にも第二皇子の二宮を出産している。

秀吉の養女として天正十四年（一五八六）十二月に入内《じゅだい》した女御《にょうご》（近衛前久の娘前子《さきこ》）は、天正十八年、同二十年（文禄元年）、文禄二年と出産したが、いずれも皇女で、なかなか皇子に恵まれなかった。

良仁親王の親王宣下《せんげ》は文禄三年（一五九四）四月で、秀吉によって儲君に定められたというのは、おそらくこのときであろう。同五年（一五九六）六月には故正親町院の御所に移り、以後は親王御所への年頭の礼なども行われた。

八条宮智仁親王は、過去に秀吉の猶子《ゆうし》となっていた時期のある後陽成天皇の弟六宮である。天正十七年（一五八九）五月秀吉に実子鶴松《つるまつ》が誕生したことから、後陽成天皇と秀吉との話し合いにより、十二月、八条宮の称号と一品《いっぽん》親王とすることになり、翌十八年造営された八条殿に入り、同十九年親王宣下が行われた。

譲位無用へ

さて、天皇の意向を知らされた摂家や五大老らの反応を、残された史料から確認してみよう。

慶長三年（一五九八）十月二十三日、譲位自体を無用と思っていた前関白九条兼孝《くじょうかねたか》は、八条宮に譲ることには同意せず、秀吉が儲君に定めた良仁親王にすべきと勅答した。伏見にいた家康は、二十四日、二十五日の両日、昵懇《じっこん》の山科言経《ときつね》を呼んで事の経緯を確かめ、禅僧の西笑承兌《さいしょうじょうたい》（秀吉・家康のブレーンとして活躍）らの意見も聞いている。

二十六日、増田長盛《ましたながもり》と長束正家《なつかまさいえ》が、二条昭実《にじょうあきざね》邸に九条兼孝・一条内基《いちじょううちもと》・鷹司信房《たかつかさのぶふさ》を集めて、摂家衆の意見を尋ねた。

兼孝の日記によれば、このときの両人の言は、第一宮の良仁親王を差し置いて八条宮に譲るのはいかがなものか、良仁親王は秀吉が儲君に定め、諸大名以下年頭御礼などを行ってきているのに対し、八条宮は秀吉の猶子であったのを、天皇の仰せで取り返されて八条殿になったという経緯があり、今またこのような仰せは分別がないと、かなり天皇に批判的なものであった。

その上で四人の摂家衆の意見を聴取して、持ち帰った。四人の意見は記録されていないが、先の兼孝の意見と大差なかったと思われる。もっとも増田らの剣幕を前に、叡慮次第と発言できる者はいなかったであろう。

ところが、この場にいなかった摂家の近衛信尹が、翌二十七日、秀吉の家臣富田一白《とみたいっぱく》に宛てた書状では、少し様子が違う。家康の意見は叡慮次第であったが、前田利家《としいえ》と所司代の玄以は良仁親王を推して意見が分かれたため、増田と長束が摂家衆の意見を直接聴取することになったというのである。

これが事実なら、前日、家康が安国寺《あんこくじ》恵瓊《えけい》に宛てた書状で、毛利《もうり》輝元《てるもと》が賛同したことを喜んでいるのは、輝元も叡慮次第を支持したことになる。しかし、この件について意見を述べる立場にない増田ら五奉行は、良仁親王に固執し、豊臣方の意見が一致しているかのように摂家衆に伝えた可能性が出てくる。

ちなみに、信尹は、跡継ぎは親が決めるものという考えで叡慮次第であった。

結果、大勢は良仁親王となったため、家康も同意したのであろう。この内容が天皇に奏上されたと思われ、これで決着するかに見えたが、そうはいかなかった。天皇が今度は三宮に譲りたいと言い出したのである。

三宮は、女御前子にようやく恵まれた皇子で、文禄五年（一五九六）六月生まれである。故秀吉の意思を守ろうとする豊臣方はともかく、摂家衆は、嫡子である三宮に、と言われると返答に窮したのではあるまいか。ただ、慶長三年（一五九八）時、三宮はまだ三歳。豊臣体制の下で良仁親王（十一歳）を押しのけて皇位に就くには幼かった。

結局、譲位自体を押しとどめることで事の収束がはかられる。

十一月十八日、五大老筆頭で内大臣の家康が、譲位をまず無用と奏上して、譲位は沙汰やみとなった。この経緯からわかるように、家康は五大老・摂家の総意を奏上したに過ぎず、家康が反対して譲位を止めたわけではない。むしろ、個人としては、早くも秀吉の決定事項の不履行を支持する姿勢を見せていたのである。

また同月二日、二十八日と鷹《たか》の鶴《つる》（鷹野で捕獲した鶴）を進献するなど、独自に天皇への接近もはかっていた。

譲位はこうして沙汰やみになったが、天皇の病気が快癒しているわけではなかった。慶長四年（一五九九）一月二十七日、天皇は灸治《きゅうじ》（灸による治療）について勅問を下した。二月、皇弟の空性《くうしょう》法親王《ほっしんのう》、良恕《りょうじょ》法親王、八条宮智仁親王らをはじめ摂家・清華《せいが》（摂家に次ぐ家格の公家）らは旧記を調べ、先例がないことを勅答したが、天皇はなお先例調査を命じている。

なお、曲直瀬玄朔が記した『医学天正記』には、慶長三年十月末に、天皇に灸治を薦めたため先例調べが行われたとあり、時期に若干のずれがある。どちらにせよ、このときは先例がないことで灸治は見送られた。

慶長四年（一五九九）二月においても、ほぼ毎日医者の診療を受けていた天皇であったが、四月頃からは快方に向かい、禁中の儀式にも参加するようになった。その後も時折体調を崩したが、慶長五年（一六〇〇）八月床上げをする。

儲君は良仁親王か三宮か

もともと、秀吉は形式的とはいえ養女である前子に皇子が誕生することを望んでいた。しかしなかなか誕生しないうちに良仁親王が成長していき、加えて、前子の実兄信尹の日常の振る舞いが目に余り、文禄三年（一五九四）四月、天皇の同意を得て薩摩《さつま》（鹿児島県）に配流《はいる》するという事態になった（赦免は文禄五年）。

良仁親王（七歳）の親王宣下は、信尹配流の半月後のことであり、この一件が、秀吉に前子所生の皇子誕生を期待させなくなった契機の一つかもしれない。ところが、皮肉にもその二年後に三宮が誕生した。

長らく天皇に正配《せいはい》（正当な配偶者）が存在しなかった天皇家にとっては、久方ぶりの嫡男である。これを機に、禁中に「嫡庶」（嫡出子と庶子）の意識が強まったのではないだろうか。

そういう意味では、慶長三年（一五九八）の『お湯殿上の日記』に、良仁親王を「親王」、三宮を「若宮」と記されていることは注目に値するが、これを根拠に、慶長三年五月頃には、朝廷内で良仁親王が儲君としての扱いをされなくなったのではないかとか、天皇が三宮を後継者として位置づけようとしはじめたのではないかと推測するのは早計である。

なぜなら、『お湯殿上の日記』は慶長元年・同二年（一五九六・九七）を欠き、同三年の記事にも誤字・脱字を疑わせる部分があって、三宮が禁中で「若宮」と称され始めた時期はもっと遡る可能性があるからである。

十四世紀の南北朝期から天皇には正配がおらず、その後、皇太子冊立《さくりつ》（正式に定める）も途絶えたため、戦国期の皇位継承は長幼の順に基づいた。第一皇子を「若宮」、第二皇子を「二宮」などと称することも一般化する。

第一皇子の良仁親王が若宮と称されたのは、この慣習によるものであろう。称呼が「親王御方」に変わったのは、親王御所に移ったためと考えるのが自然である。

一方、三宮を若宮と称するようになったのは、もちろん嫡出子であることを重視した結果である。良仁親王が「親王御方」と称され始めたのをうまく利用したと思われ、慶長四年（一五九九）に誕生した第四皇子（前子所生）が「二宮」、慶長八年（一六〇三）誕生の第七皇子（前子所生）が「七宮」から「三宮」に改称されることからも裏付けられる（一九三頁の系図参照）。

後陽成天皇がいつから良仁親王の廃嫡を考え始めたのかは不明だが、慶長三年（一五九八）の譲位一件でそれが明らかになったことで、良仁親王の立場は微妙なものになった。

後ろ盾の秀吉はすでに亡く、三伝奏の一人として重職を担っていた外祖父の中山親綱も同年十一月二十八日に没した。さらに、支持者の前田利家が慶長四年（一五九九）閏《うるう》三月に没し、これを機に、豊臣家中の内部抗争が一気に表面化して、叡慮次第と考えていた家康の天下取りが大きく前進する。

同月、家康は伏見城西丸に入り、ついで九月、豊臣秀頼の居城大坂城の西丸に入った。家康が参内したのはその間の八月十四日で、後陽成天皇と常御所《つねのごしょ》で対面する。このおりの朝廷の扱いは秀吉に対するものと遜色《そんしょく》なく、二日後、天皇は家康に薫物《たきもの》（練り香）を下賜した。

慶長五年（一六〇〇）六月、家康は、五大老の一人上杉景勝《うえすぎかげかつ》に叛意《はんい》ありとして、会津《あいづ》攻めに出陣するが、このとき天皇は、見舞いとして晒《さらし》百反を届けさせた。七月、大坂で家康打倒の西軍が決起し、九月、関ヶ原で、家康率いる東軍と激突したが、東軍の勝利に終わる。大津城（滋賀県大津市）に入った家康に、天皇は勧修寺光豊《みつとよ》を派遣した。

この頃、良仁親王はまだ儲君としての地位をかろうじて保っていたが、同年十一月親王御所への公家衆の番が停止《ていし》された。十二月十九日、豊臣秀次の死後空席だった関白および左大臣に九条兼孝が再任され、その兼孝を上卿《しょうけい》（儀式などの執行責任者）として、二十一日、三宮の親王宣下が行われた。

儲君が三宮（政仁《ことひと》親王）に替わった瞬間である。

慶長六年（一六〇一）三月、良仁親王は、天皇の命により強引に仁和寺《にんなじ》（京都市右京区）に入室させられた。十一月には良仁親王の住居だった親王御所に女院となった天皇の母晴子が入って女院御所とし、十二月、晴子が住んでいた御殿に政仁親王が入って新たに親王御所とした。

こうして、儲君問題は天皇主導で帰結する。家康に反対する理由は何もなかった。

家康と昵近衆

永禄九年（一五六六）の家康最初の叙任の際、いかなるつてをもって近衛前久に執奏を依頼したのかは不明で、家康が主体的に公家衆と交流するようになるのは豊臣時代になってからである。とりわけ、山科言経との関係は特筆される。

この様子は、言経の日記『言経卿記《ときつねきょうき》』から知ることができる。天正十三年（一五八五）六月、言経は正親町天皇の勅勘《ちょっかん》（咎《とが》め）を蒙り、妻子や妻の兄弟である冷泉為満《れいぜいためみつ》・四条隆昌《しじょうたかまさ》らとともに京都を出奔した。頼ったのは妻の姉の婚家興正寺《こうしょうじ》の佐超《さちょう》（本願寺門主の顕如《けんにょ》の次男）である。また、豊臣家とも交流があり、秀次邸を時折訪れ、宿泊することもあった。

天正十九年（一五九一）三月、家康は、大村由己《おおむらゆうこ》（秀吉の御伽衆《おとぎしゅう》）の斡旋《あっせん》を受けて言経に五人扶持（一月一人米一斗五升）を与えることにする。また、言経ら三人は、本願寺（および興正寺）の京都移転にともなう帰洛《きらく》（寺域内に住居すること）を、由己を通じて前田玄以から許可を得た。

翌文禄元年（一五九二）には、秀次からも五人扶持を受けるようになる。家康からの扶持は七人扶持を経て、十人扶持へと増えていった。

冷泉為満が家康に初めて対面したのは文禄二年（一五九三）九月で、同年には、柳原淳《やなぎはらあつ》光《みつ》・水無瀬《みなせ》兼成《かねなり》・正親町三条公仲《きんなか》・吉田兼見《かねみ》なども家康の元に出入りしていることが確認できる。徐々に家康の公家との交際範囲は広がっていく。

山科言経は、家康が上洛すると必ずと言ってよいほど出向いて相伴《しょうばん》し、家康の内大臣昇任後は装束の手配などにもかかわった。家康の元で行われた足利学校の閑室元佶《かんしつげんきつ》の講釈にも顔を出し、これには、子の言緒《ときお》や冷泉為満・四条隆昌もたびたび出席している。

慶長三年（一五九八）十一月、家康の朝廷への執奏により言経は勅免となる。ただし表向きは所司代の前田玄以の計らいとしており、ここでも秀吉没後まもない家康の立場がわかる。翌四年一月、家康は、言経に合力米《こうりょくまい》（知行地）二百石を給することにする。

家康は慶長五年（一六〇〇）の関ヶ原の戦い後には、公家・門跡《もんぜき》領などの調査を始め、禁《きん》裏御料《りごりょう》の進献と公家領の加増と移転について後陽成天皇の了解を得た。この実施は翌六年（一六〇一）のことである。

これと連動するように慶長五年から六年にかけて、家康の奏請により六条有広《ろくじょうありひろ》、冷泉為満、四条隆昌、四辻季満《よつつじすえみつ》（鷲尾隆尚《わしのおたかひさ》）、水無瀬康胤《やすたね》が参内を許された。また、慶長六年、近衛家との相論が原因で出仕を止められた日野輝資《ひのてるすけ》・資勝《すけかつ》父子が出奔したときも、翌年、家康が執り成しをしている。

慶長八年（一六〇三）二月、伏見城で家康は将軍宣下を受ける。三月、その御礼として参内した家康は、常御所で天皇と対面し、三献《さんこん》の儀《ぎ》が行われた。このとき天皇が家康へ酌をした三献目の酒が、烏丸《からすまる》・日野・広橋・万里小路《までのこうじ》・白川・飛鳥井《あすかい》・勧修寺・冷泉・阿野・正親町三条・山科・高倉の十二家二十人ほどの公家衆に与えられた。

彼らは家康の「昵近衆《じっきんしゅう》」と呼ばれた。昵近衆とは、室町時代に成立した将軍の参内に扈《こ》従《じゅう》する公家衆のことである。慶長八年時の十二家のうち十家は室町時代に一度は足利将軍の昵近衆だった家だが、山科家は今回新たに加わった家である。

昵近衆の家はその後差し替えがあるが、二年後に加えられた四条・六条・柳原らもまた、家康と個別のつながりをもっていた。家康はこうして朝廷にも食い込んでいく。

〔主要参考文献〕

池享『戦国・織豊期の武家と天皇』（校倉書房、二〇〇三年）
笠谷和比古『関ヶ原合戦と近世の国制』（思文閣出版、二〇〇〇年）
橋本政宣『近世公家社会の研究』（吉川弘文館、二〇〇二年）
藤井讓治『天皇と天下人』（天皇の歴史5、講談社、二〇一一年）
二木謙一編『戦国・織豊期の社会と儀礼』（吉川弘文館、二〇〇六年）

【第４部】「戦国領主」化した貴族たちの戦い

10　摂関家の当主自らが土佐国に下向する
【土佐一条氏】

中脇　聖

摂関家一条氏と土佐一条氏

土佐《とさ》一条《いちじょう》氏は地方に「在国《ざいこく》」（基本的に公家の在国は、短期的な例が多い。それと区別するため、在国に「」を付けた）しながら、公家として高い官位を有しつつ、土佐半国（現在の高知県西部）を占める地域を支配した「地域権力」でもあった。一般的には、公家から武家に転換した存在として「戦国公家大名」と呼称されている。

全国的な戦国時代の幕開けとなる応仁《おうにん》・文明《ぶんめい》の乱《らん》（一四六七～七七年）によって、京の都は戦火に包まれた。この戦火を避けるように、朝廷（禁裏《きんり》）に仕えた廷臣たる一部の公家たちは、京を離れ地方に下向《げこう》、「在国」した。

こうした公家たちの中に、公家の家格の頂点に位置した五摂家《ごせっけ》（近衛《このえ》・鷹司《たかつかさ》・九条《くじょう》・二条《にじょう》・

一条《いちじょう》）のひとつ一条氏の当主で前関白の一条教房《のりふさ》（一四二三〜八〇）がいた（二一二頁の系図参照）。

教房は、この当時最高峰の学者として「日本で二人といない才能の持ち主である」（中院《なかのいん》通秀《みちひで》の日記『十輪院内府記《じゅうりんいんないふき》』）と評された一条兼良《かねよし》（一四〇二〜八一）の嫡子であり、教房自身も学識を高く評価された存在であった。

教房は、乱が勃発《ぼっぱつ》すると、応仁元年（一四六七）八月、実弟の尋尊《じんそん》が門跡《もんぜき》を務める奈良興《こう》福寺《ふくじ》の塔頭《たっちゅう》（大寺院の中に建てられた塔や庵《いおり》などの小院）の一つである大乗院《だいじょういん》に、実母の中御《なかのみ》門《かど》氏と共に身を寄せた。京の一条亭（屋敷）と伝来の貴重な典籍〈書物〉（一部は光明峯寺《こうみょうぶじ》〈現在の京都市東山区〉に疎開させていたが、これも焼失したといわれる）を保管していた桃華坊《とうかぼう》（文庫）が、戦火によって焼失する一カ月前のことだった。

そして、応仁二年（一四六八）九月、教房は避難先の奈良から、家領《けりょう》荘園の一つであった土佐国幡多荘《とさのくにはたのしょう》（現在の高知県四万十《しまんと》市ほか）に下向する。一条氏の家領の荘園とはいえ、古くは「遠流地《おんるのち》」とされ、中央政界の権力闘争に敗れた者たちが、罪人として配流《はいる》された土佐国を下向先に選んだのは何故であろうか。

従来説は、大乱によって荒廃した荘園経営を立て直すため、直接《じきむ》支配を行うための下向であるとする理解が一般的であった。

事実、教房の父兼良が後年、冬良《ふゆよし》（教房の弟・養嗣子）に与えた家伝の故実書『桃華蘂葉《とうかずいよう》』

の幡多荘の項に、「大乱当時、知行《ちぎょう》はしていたが、知行とは名ばかりであった」と、荘園としての機能を果たしていなかったかのように述懐されている。

さらに、有名な一休宗純《いっきゅうそうじゅん》（宗順）が「一条殿（兼良）の飢渇《きかつ》を嘆く」と題する漢詩（一休宗純の詩集『狂雲集《きょううんしゅう》』）を詠んだほどの窮乏ぶりが広く知られていたのである。

しかし、近年の研究では、鎌倉時代以降、幡多荘は摂関家の一条氏が心血をそそいで経営してきた荘園であり、その安定と強化を目的とする下向であったとの見解も示されるようになった（池内：一九九三）。つまり、「避難」という消極的な下向ではなく、荘園の強化を目的とした自発的な下向であったとの理解である。

土着した理由

下向理由の当否は別として、ここで注目しなければならないのが、教房下向のタイミングであろう。教房は、父兼良と長子政房《まさふさ》の奈良下向を待った後、土佐に下向している。

さらに、教房としめし合わせたかのように、政房が、同じ家領の一つであった摂津国福《せっつのくにふく》原荘《はらのしょう》（現在の兵庫県神戸市）に下向している点である。この両者の下向を指示したのは、兼良であったと思われるが、その目的は、土佐と摂津を結ぶ恒常的な海上交通と物資輸送ルートの確保であったのではないだろうか。

つまり、当時主要な経済的利潤を生み出していた「材木」は、のちに幡多荘下山郷《しもやまごう》から伐採され、和泉国《いずみのくに》堺津《さかいのつ》（現在の大阪府堺市）を経由して京都に運ばれていた（『大乗院《だいじょういん》寺社雑事記《じしゃぞうじき》』）。早くから土佐の「良木」が産物として注目されていたのである。

さらに、一条氏が間接的な関与をしていたといわれる対明貿易で得た品物は、朝廷や公家衆に対する贈答用や売買の対象であった。また、墓石・供養塔など幅広い用途に活用され、幡多荘内から土佐国内でも仁淀川《によどがわ》以西に多く流入していた「六甲花崗岩《ろっこうかこうがん》」（現在の兵庫県神戸市から産出された御影石《みかげいし》）の運搬のための安全なルートの確保が必要だったのだろう。

いずれにせよ、教房は下向から十年後、文明十二年（一四八〇）十月、土佐に「在国」したまま薨去《こうきょ》する。

本来であれば、そこで一条氏の直務支配は終わるはずであった。しかし、土佐で誕生しながらも上洛《じょうらく》して出家予定であった教房の三男の若君（房家《ふさいえ》〈一四七五～一五三九〉）が、土着するという方針転換によって、名実ともに土佐一条氏が成立する。

この房家の擁立は、紆余曲折《うよきょくせつ》を経たものであったことがうかがえる。なぜなら、教房薨去直後、内紛と思われる争いがあり、房家は避難するように幡多荘各地を転々とした。身の危険を感じた実母である中納言局《ちゅうなごんのつぼね》（町顕郷《まちあきさと》の養女で加久見宗孝《かぐみむねたか》女）は、房家の上洛と出家を急がせるよう教房の実弟の尋尊を通じて、大乗院政覚に打診している（『大乗院寺社雑事記』）。

しかし、房家の出家は実現せず、土着したのである。

　こうした想定外の房家の土着は、幡多荘の経済的利潤を確保し続けたい摂関家一条側と、房家を擁立することによって、土佐国内の地域的安全保障の安定化を図りたい加久見氏（房家実母の実家）などの利害の一致によるものと考えられる。

　とくに房家の存在は、幡多荘内に点在する一条方に反発する宮気《みやけ》・河原《かわはら》など自立性の強い土豪たちの中で、対立の火種となっていた既得権益をめぐる村落間紛争の調停役として期待されていた。

　以降、土佐一条家は、房冬《ふさふゆ》─房基《ふさもと》─兼定《かねさだ》と続き、公家でありながら隣接する地域の津野《つの》・佐竹《さたけ》などの「国衆《くにしゅう》」を降《くだ》し、豊後《ぶんご》大友《おおとも》氏に協力して南伊予《みなみいよ》（現在の愛媛県南部）へ侵攻するなどの軍事行動を起こした「公家領主」となる。同家は、土佐半国を占める地域を支配する存在にまで成長を遂げることになった。

朝廷・公家衆とのかかわり

　本来であれば、土佐一条氏は朝廷に出仕して天皇の傍《そば》近くにいなければならない公家である。

　同家が「在国」し続けたことによって、朝廷や中央の公家衆との関係は、途絶えてしまったのであろうか。実は、そうではなく、土佐一条氏は「在国」しながら、朝廷や公家衆などの中央政界と人や物の往来を重ねていた。

　土佐一条氏の礎《いしずえ》となった教房は、幡多荘内の荘官の系譜に連なる土豪たちに対して、正式な官位を朝廷に斡旋《あっせん》し、実弟の尋尊との書簡のやりとりを頻繁に行って、中央政界の情報を収集した。

　房家も朝廷に「くちら」（鯨）や金品などの献上を行った例（禁裏に仕えた女官の執務日記『お湯殿《ゆどの》の上《うえ》の日記《にっき》』）が見られ、永正《えいしょう》十三年（一五一六）十二月には上洛し、権大納言に昇進を果たした。さらに、翌年には朝廷・幕府に参賀し、公家衆たちと歌会を催す（中御門宣胤《なかのみかどのぶたね》の日記『宣胤卿記《のぶたねきょうき》』）など、直接的な交流を確認できる。

　とくに、三条西実隆《さんじょうにしさねたか》と房家との交流は継続されていたようであり、大永《たいえい》六年（一五二六）から、実隆に対する贈答が数回、確認できる（『実隆公記《さねたかこうき》』）。なお、この上洛は、房家の官位昇進への条件であるばかりでなく、房家の次男房通《ふさみち》に、摂関家一条氏の嗣子として正式に本家を継がせる（一条冬良の意向と言われる）という目的があった（次頁の系図を参照）。

　房家の跡を継いだ土佐一条氏二代目の房冬（一四九八～一五四一）も、禁裏に対して多額の金品を献上し、併せて本願寺の宗主《しゅうす》証如《しょうにょ》（九条尚経《ひさつね》の猶子《ゆうし》〈仮の親子関係を結ぶこと〉）にも贈答を繰り返している。

【土佐一条氏関係略系図】(＝養子)

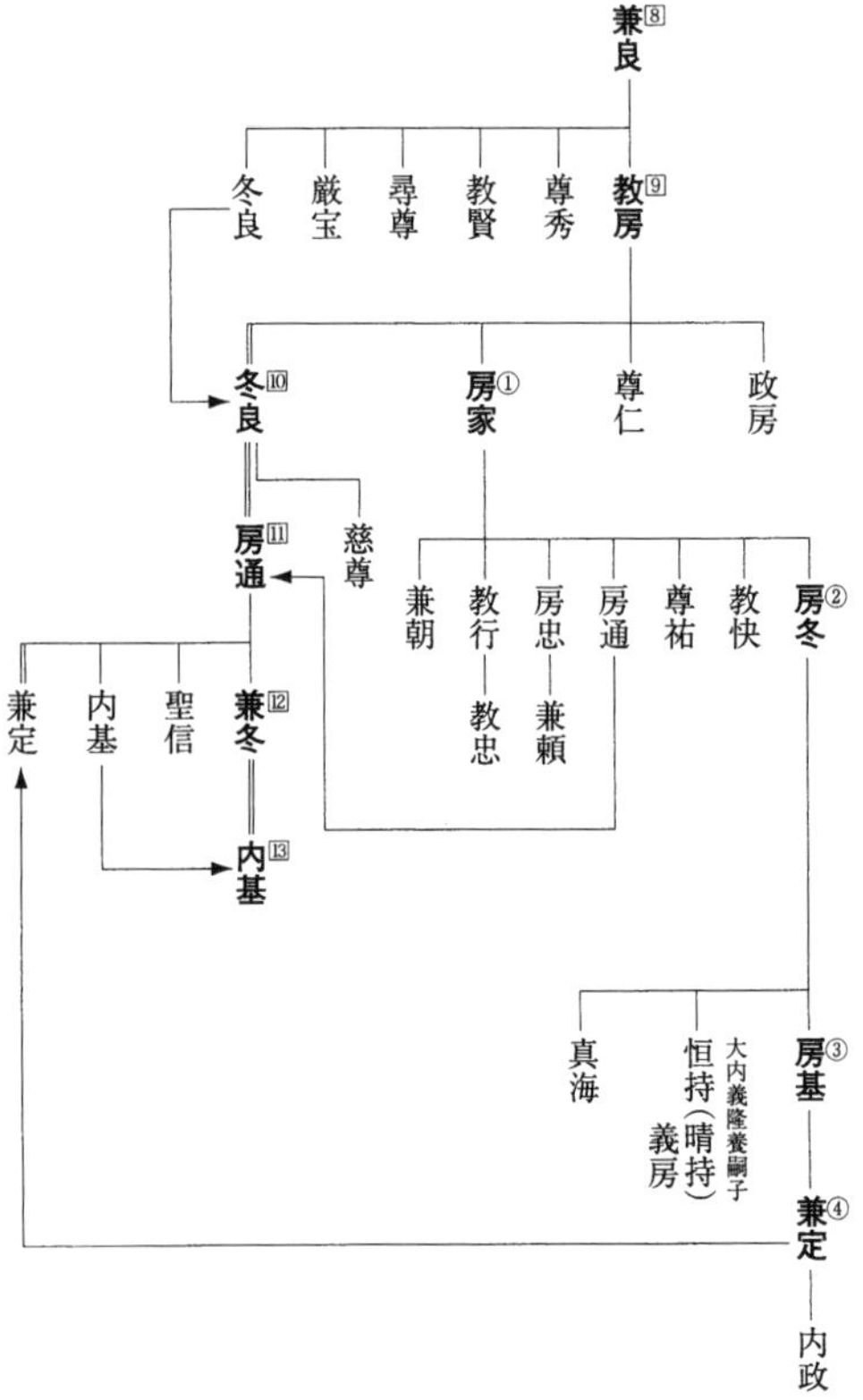

*「摂家系図」「尊卑分脈」「公卿補任」「歴名土代」「土佐一条氏位牌群」等を参照し作成。○数字は土佐一条氏当主、□数字は摂関一条氏当主の代数。なお、各子弟は適宜、除外している。

なお、房冬が正室を伏見宮家《ふしみのみや》から迎えていることも、禁裏との結びつきの強さをうかがう材料となるだろう。また、三代目の嫡子房基（一五二二〜四九）も同様に禁裏への献上を行っている。

こうした禁裏との贈答を通じた関係に加えて、土佐一条氏の本拠「中村」（現在の高知県四万十市）には、多くの公家衆が下向・「在国」していたことが見て取れる。

土佐一条氏の元に「在国」した公家衆を諸史料から確認すると、

①　摂関家一条氏当主の「在国」（房通・内基《うちもと》）
②　祗候《しこう》（貴人に近侍《きんじ》すること）の公家衆の「在国」（飛鳥井《あすかい》・冷泉《れいぜい》ら）
③　家僕《かぼく》（使用人）の公家衆の「在国」（源《みなもと》・勧《か》修寺《じゅうじ》町《まち》・中御門《なかのみかど》・白河《しらかわ》・持明院《じみょういん》・松殿《まつどの》・平松《ひらまつ》ら）

以上に大別できる。

その他、地下《じげ》（昇殿を許されない官人）の諸大夫《しょだいぶ》・青侍《あおざむらい》（家政職員）として、難波《なんば》・堀川《ほりかわ》（大石）・入江《いりえ》・保田《やすだ》の諸氏が確認できる。

まず、①の摂関家一条氏の当主の「在国」は、いずれも短期的なものであり、「在国」の理由は必ずしも明らかではない。房通の下向が三度確認（『公卿補任《くぎょうぶにん》』・『天文日記《てんぶんにっき》』）できるのは、禁裏や摂関家一条氏への経済援助の無心と、政務の監督という意味合いがあった。内基のそれは、兼定（一五四三〜八五）の隠居、兼定嫡子の内政《ただまさ》（一五六二?〜八〇?）の元服などの処置を主導するために「在国」した可能性が高い。

次に、②の祗候の公家衆は、共に「蹴鞠《けまり》」「歌道《かどう》」の師範家《しはんけ》である。それぞれを家業としていた飛鳥井氏・冷泉氏であったので、土佐一条氏の当主が習得すべき教養の教師（師範）として招かれた可能性が高い。天文《てんぶん》七年（一五三八）三月には、周防国《すおうのくに》（現在の山口県東部）の戦国大名大内義隆《おおうちよしたか》の館で能興行が行われた。これを「土佐の公家」衆が「賞翫《しょうがん》」（観覧）しており（『毛利隆元《もうりたかもと》山口滞留日記』）、文化的交流（＝外交）の担い手として確認できる。

次に、③の家僕は、いずれも摂関家一条氏の家僕として仕えた家の流れを汲《く》んでおり、「殿上人《てんじょうびと》」（雲客《うんかく》。昇殿を許された官人）に列した人物が多く、土佐一条氏の外交交渉を担当（勧修寺町・松殿・平松）したり、内政面を担当（源・白河・中御門）して、家政機構（本来、公家の事務担当部署を指す）を支えた。

これらに加え、実務担当と思われる地下の家政職員も土佐一条氏の官位昇進と共に位階を受けており（『歴名《りゃくみょう》土代《だい》』）、摂関家一条氏とのパイプ役として京—土佐を往復している。

こうして土佐一条氏は「在国」・土着しながらも、禁裏や公家衆との関係を絶やさず、緊密な関係にあったことが判明した。

その緊密な関係は、軍事行動が増す永禄《えいろく》年間（一五五八〜七〇）以降、特に元亀《げんき》四年（一五七三）六月に兼定が左近衛中将に任官（同月、権中納言に昇進）されるまでの長い間、彼の官位昇進が途絶えていた時期（約二十二年間）でさえ、途切れたわけではなかった。

それは、中御門・白河[11]など、多くの家僕あるいは祗候の公家衆が「在国」（永禄六年『補《ぶ》略《りゃく》』）していたことからもうかがえよう。

土佐一条氏と伊予西園寺氏

土佐一条氏と同じく、四国の家領荘園に下向、土着した公家に伊予国《いよのくに》の西園寺《さいおんじ》氏が存在する。伊予西園寺氏は、藤原北家閑院《かんいん》流で、五摂家に次ぐ家格を有する清華《せいが》家（近衛大将・大臣を兼ねて太政大臣にまで昇進できる九つの家）に列した西園寺氏の流れを汲む一族と言われている（二二二頁の表参照）。

しかし、比較的信用の置けるとされる各種の西園寺本家関係の系図類には、伊予西園寺氏に関する記載がなく、詳しい系譜上のつながりは不透明と言わざるを得ない。

とはいえ、嘉禎《かてい》二年（一二三六）、西園寺を初めて名乗った藤原公経《きんつね》が幕府に対して伊予宇《う》和荘《わのしょう》（現在の愛媛県西予《せいよ》市）の領有を強引に承認（『吾妻鏡《あづまかがみ》』）させて以降、十四世紀の南北朝時代（室町初期）に至り、その分流が同荘に下向したとされる（『歯長寺《しちょうじ》縁起《えんぎ》』）。

その後、立間《たちま》・松葉《まつば》・竹林院《ちくりんいん》・来村《くのむら》などの諸庶に枝分かれし、戦国時代に入ると、松葉西園寺氏が伊予国内で他の庶家に比べ、抜きんでた一族となった（この松葉西園寺氏の当主自身が、対外的に「西園寺」と名乗った例はなく、「松葉」と称している）。

松葉西園寺氏は、天文年間（一五三二〜五五）に西園寺公宣《きんのぶ》（当主実充《さねみつ》の弟か）が、土佐一条房家の次女（法名は月窓妙心大禅定尼）と婚姻関係にあったことが知られ、二人の間には男子（法名は一秀梅信大禅定門）が生まれている（金剛福寺《こんごうふくじ》所蔵「土佐一条氏位牌《いはい》群」）。

この婚姻の背景には、足利《あしかが》将軍家の関与がうかがえる。当時、一条房家は、八代将軍義政《よしまさ》の猶子となっており、房家の父教房に偏諱《へんき》（名前の一字を与えること）を授けたのが七代将軍義教《よしのり》（義政の父）であったと言われている。つまり、一条家と将軍家の関係強化を狙ったものと思われる。

また、文明元年（一四六九）、土佐下向の事実が確認できる摂関家一条氏の家僕松殿忠顕《ただあき》は、幕府の「昵近衆《じっきんしゅう》」（将軍に近侍する公家集団）としても知られ、「明応《めいおう》の政変《せいへん》」（一四九三年）によって、一時失脚した十代将軍の足利義材《よしき》（のちの義稙《よしたね》）の復権に尽力したとされる。

さらに、公宣の松葉西園寺氏は、伊予守護ではないにもかかわらず、幕府の直接的な軍事指揮下に組み込まれていた形跡もあり、両者（土佐一条氏と伊予西園寺氏）を結びつけることで、四国における地域紛争の際に、手駒《てごま》としたい思惑が将軍家側にあったのではないだろうか。

事実、房家は足利将軍家から阿波国《あわのくに》（現在の徳島県）への軍事動員を催促されており、土佐一条氏と伊予西園寺氏の結びつきを、婚姻によって強化したい将軍家の意図が読み取れる。

しかし、そうした意図に反して、この婚姻関係以降、両者の結びつきを示す史料は確認できない。そして、天文中期頃（十六世紀中頃）、土佐一条氏が豊後大友氏の伊予侵攻に「合力」して、伊予南部に派兵を繰り返すようになると、関係が悪化したと考えられる。

前掲の「位牌群」（金剛福寺所蔵「土佐一条氏位牌群」）に含まれる西園寺公宣の次男の位牌に「ヤムル」（＝止《や》むる）と後筆され、供養を中止する措置が取られたことからも、両者の関係変化がうかがえる。関係が良好に推移していれば、縁戚《えんせき》の西園寺氏の供養を中止する必要はなかったのであり、その原因は西園寺氏との軍事的対立に求められよう。

そして、永禄期（一五五八～七〇）の伊予西園寺氏の当主公廣《きんひろ》の代には、両者の亀裂が決定的となった。

それでは、この伊予西園寺氏と土佐一条氏との「地域権力」としての差異をどこに求めればよいのだろうか。

それは、伊予西園寺氏が下向時に立間・松葉などの四家に枝分かれして、支配領域の分割統治を余儀なくされた点に求められよう。これが、一族同士の対立を生み、そこにつけ込まれるように領域内へ他勢力の侵攻を許す結果となり、彼ら一族の武装化を強化せざるを得なかった。

一方、土佐一条氏は下向以後、中心的な支配領域への他勢力の侵攻を、戦国末期の長宗我部《ちょうそがべ》元親《もとちか》の登場までは基本的に許しておらず、戦闘もその外縁部か他国でのものであった。さらに、軍事動員されたのが、自らの「家臣」というより、味方する津野・佐竹などの「国衆」や土豪が中心であったことは、特徴的であろう。

このように、同じ「公家」という家格から「地域権力」となりながら、両氏は下向時期や「家領」の地域特性によって異なる「性格」を有していたといえよう。

土佐一条氏は武家化したのか

冒頭でも触れたように、土佐一条氏は国内外で軍事行動（蓮池《はすいけ》城攻防戦〈一五四六年の大平《おおひら》氏滅亡から、本山《もとやま》氏と同城をめぐって断続的に交戦している〉・鳥坂《とさか》峠合戦〈一五六七年〉など）を起こし、武家のような性格をもっているとされ、公家から武家に転換を遂げた存在と見なされている。

特に、軍事行動が増大する房基・兼定期（十六世紀中期）は、名実ともに「大名」として理解されている。

　しかし、土佐一条氏と同一の権力と見られている伊予西園寺・伊勢《いせ》北畠《きたばたけ》・飛騨《ひだ》姉小路《あねがこうじ》・陸奥《むつ》浪岡《なみおか》氏などに比べて決定的に異なる箇所がある。

　それは、禁裏をはじめとする中央政界との結びつきであり、在地支配の在り方であろう。土佐一条氏は「在国」したまま、歴代の当主が摂関家一条氏の猶子となり、事実上、摂関家一条氏に準じる待遇を禁裏から受けていた。

　確かに、官位は権大納言を極官《きょっかん》（最終的に昇り詰めることのできる官途《かんと》）に規制されていた感がある反面、土佐一条氏から本家当主となった房通や、京で養育されて本家当主となる可能性があった兼定の存在は、本家と表裏一体であった証拠と言えるだろう。さらに、本家当主は、土佐へたびたび下向を繰り返している。

　また、領主権力として重視される在地への文書発給形態が、一貫して「公家」様式であった点であろう。

　地域支配を広汎《こうはん》に展開しなければならなかった武家権力であれば、在地への直接的関与はもちろん、「家臣」たちへの指示・命令も奉書《ほうしょ》（主《あるじ》の意向を受けて家臣が出す文書）などの一部例外を除き、当主の加署《かしょ》（署名）の文書で行われなければならない。

　しかし、土佐一条氏の歴代当主が直接発給した文書で確実視できるものは、原則として一点もない（房基の発給と思われるものが二点確認できるが、花押《かおう》〈署名の代わりとなるサイン〉のみで署名なし、最後の当主兼定発給の一点は、土佐一条氏としての実権を失った後の文書）。

そればかりか、兼定期（十六世紀中頃以降）の発給文書は、すべて「家臣」である源《みなもとの》康政《やすまさ》（兼定の叔父とする説もある）が奉者あるいは、康政直状《じきじょう》（直接自分の意思を伝える文書）によって出されているのである。これは、公家発給文書の「青侍・諸大夫奉書」に該当する形式と見られる。

「青侍・諸大夫奉書」とは、公家の家僕（家政職員）たる「青侍」あるいは「諸大夫」などが、当主（家督）の発給文書の作成と加署を代行する形式を指す。さらに、久我《こが》・山科《やましな》家のように、家僕が直状形式で文書を発給している例（菅原：一九九八）もあり、源康政が兼定の意を受けて発給した文書の中にも、直状と言ってよいものがある。

このことは、土佐一条氏自らが公家であることを否定していない証拠となるものと考えられる。

さらに、注目したいのは、房基期（十六世紀中頃以前）の天文十四年（一五四五）九月に出された難波《なんば》和泉守《いずみのかみ》宛の「坪付《つぼつけ》」（所領給付目録）状に、「白河《（川）》」の署名が見えることである。これも当主権限の代行と考えられ、この白河氏とは、花山院《かざんいん》流の神祇伯《じんぎはく》王家で、同二十年（一五五一）正月二十六日付「別府八幡宮棟札銘」や永禄六年（一五六三）の『補略《ぶりゃく》』（公家の名簿）に名前が見える白河《（川）》兼親《かねちか》と思われる。

この兼親は、房基・兼定に仕えた「家臣」と考えられるが、彼は「左中将（左近衛中将）」で「従四位下」に任官した「殿上人」（雲客）でもあった。室町（戦国）期、「殿上人」を家僕にし得たのは、親王家と摂関家であり、土佐一条氏が摂関家一条氏に準じた家政機構を保持し続けていたことが判明する。

「両面性」を有した存在

それに比べ、土佐一条氏に類似する伊勢北畠や飛驒姉小路（三木《みつき》）などの勢力は、当主自らが文書を発給し、積極的に在地掌握を志向している。

また、土佐一条氏が、土佐国幡多郡内の土豪たちの安全保障を担保する存在として成立した背景を有しているために、郡内の土豪すべてを「家臣団」として掌握していたわけではなく、その独自性を承認しなければならなかった。したがって、いわゆる「一円支配」を貫徹することができなかったと言える。

つまり、強力な「家臣団」を編成することができず、軍事行動もその多くが郡内以外の味方である津野氏などの勢力に頼らざるを得なかった。権力の前提となる「軍事・暴力」を、土豪たちの自立性を担保にすることでしか保持できなかったと言えよう。

政治の中枢を担った「家臣」も土豪からは登用されず、摂関家一条氏の家政機構を移行し、家僕の流れを汲む勧修寺町、白河（川）の諸氏で構成されていた（いわゆる「四家老」と後世の二次史料に記された土居《どい》・安並《やすなみ》・為松《ためまつ》・羽生《はぶ》の諸氏の動向もごく一部を除いて、良質な史料からは確認できない）。

こうして見てきたように、土佐一条氏は「大名権力」としては未発達であった。

この点を考慮すれば、武家的な軍事行動を行いながらも、その実態は公家であり続けた「イエ」であった。つまり、公家が武家的な性格を併せ持つ「両面性」を有した存在と結論できる。

〈主要参考文献〉

赤坂恒明「永禄六年の『補略』について―戦国期の所謂「公家大名（在国公家領主）」に関する記載を中心に―」（『埼玉学園大学紀要人間学部篇』十一号、二〇一一年）

池内敏彰「『雑事記』に見る前関白「畑下向云々」（上）・（下）」（『土佐史談』第一九二・一九三号、一九九三年）

石野弥栄「戦国期の公家大名土佐一条氏の性格」（『國學院高等学校紀要』第二十一輯、一九八八年）

菅原正子「公家の家政機構と家司」（同『中世公家の経済と文化』吉川弘文館、一九九八年、初出は一九八六年）

野澤隆一「足摺岬金剛福寺蔵土佐一条氏位牌群」（『國學院雑誌』第八十七巻四号、一九八四年）

11　中流公家が国司となって飛騨に土着したが……

【飛騨姉小路氏】

谷口研語

姉小路三家と飛騨の諸勢力

藤原北家小《こ》一条《いちじょう》流の中流公家だった姉小路《あねがこうじ》氏が、飛騨《ひだ》（岐阜県）の国司（同国のトップ行政官として朝廷から派遣された官吏）となったのは、南北朝期の応安《おうあん》四年（一三七一）以前のことである。

そこまでさかのぼるかどうかわからないが、十五世紀初頭の姉小路氏はすでに小島・古川・向《むかい》（向小島とも小《こ》鷹利《たかり》ともいう）の三家に分かれていた。小島・古川・小鷹利の家名は、いずれも北飛騨の古川盆地（岐阜県飛騨市）とその縁辺に地名をのこしている。

その姉小路三家のうち本家は小島氏で、応仁《おうにん》の乱《らん》（一四六七～七七年）のころの三家の当主は、小島氏が勝言《かつとき》、古川氏が基綱《もとつな》、向氏が之綱《ゆきつな》だったが、小島・古川両氏は分立の当初からしばしば本家争いをしていた。また、ほとんど飛騨に居住していたらしいのは向氏のみで、小島・古川両氏は京都と飛騨を往来しており、特に古川氏の場合は京都で活動する機会が多かったようである。

一方、飛騨守護（室町幕府が派遣した同国の軍事指揮官・行政官）は北近江《きたおうみ》（滋賀県北部）を基盤とする佐々木《ささき》京極《きょうごく》氏が、これも南北朝期の延文《えんぶん》四年（一三五九）に任命され、以後、飛騨は国司を姉小路氏が、守護を京極氏が世襲して戦国時代にいたる。古川盆地の国司姉小路氏に対して、守護の京極氏は古川盆地の南方、高山盆地（岐阜県高山市）以南を基盤とした。

ただし、京極氏は歴代が本国近江のほかに数カ国の守護を兼務する大守護大名であったから、実際の飛騨支配は守護代である多賀《たが》氏に委《ゆだ》ねられていただろう。

この両者のほか、室町から戦国期における飛騨の主な武士団としては、北東部の高原川《たかはらがわ》（神通川《じんづうがわ》上流）流域に江馬《えま》氏が、西部の庄川《しょうがわ》流域に内ケ島《うちがしま》氏が、宮川《みやがわ》（神通川上流）流域の古川盆地と高山盆地の間にある国府《こくふ》盆地（岐阜県高山市）には広瀬《ひろせ》氏がいた。

このうち庄川流域は、世界遺産白川郷の合掌集落でも知られるように、その立地から越《えっ》中《ちゅう》（富山県）との結びつきが強く、また、十五世紀末には一向一揆《いっこういっき》の勢力が著しく浸透した。そんなこともあって、宮川・高原川・益田《ました》川《がわ》（木曾《きそ》川《がわ》支流）流域とは違う世界を形成していた。

【飛驒国要図】

＊谷口研語『飛驒三木一族』（新人物往来社、2007）をもとに作成。

文明飛驒の乱

公家の山科《やましな》家は南北朝期（十四世紀）以来、高山盆地とその周辺に江名子《えなこ》郷・石浦郷・松橋郷・岡本上《かみのほ》保・同下《しものほ》保など、かなり広域にわたる家領《けりょう》を持っていた。

応仁の乱以前、その山科家領の現地管理は姉小路小島勝言に預けられていたが、小島氏では「父子（父持言《もちとき》・子勝言か）」の間で紛争が起こり、そのどさくさに山科家領は京極氏の飛驒守護代、多賀出雲入《いずもにゅうどう》道によって押領《おうりょう》（非合法的に領地を奪う）されてしまった。山科家では幕府に訴え、幕府の判断は守護代多賀氏に押領地を返還させるというものだった。ところが、応仁の乱が始まったため、返還されないままになっていた。

応仁の乱の当初、飛驒では守護の佐々木京極氏、守護代の多賀氏が東軍（幕府方）、国司家の姉小路古川・向両氏も東軍だった（姉小路小島氏の立場は不詳）。

ところが、文明《ぶんめい》二年（一四七〇）八月、近江・飛驒・出雲（島根県）・隠岐《おき》（同前）四ヵ国守護の京極持清《もちきよ》が他界すると、京極氏では一族・家臣団を二分する内紛が勃発《ぼっぱつ》し、京極氏は一族も家臣団も東軍と西軍に分裂してしまう。その西軍へ鞍替えしたグループのリーダー格が、飛驒守護代の多賀出雲入道だった。ここに飛驒も不穏な情勢となる。

翌三年（一四七一）夏、姉小路古川基綱・向之綱と京極勢（内実は多賀出雲入道勢）との間で戦端が開かれた。姉小路勢が守護京極氏の混乱に乗じて高山盆地へと侵攻したものだろう。

八月七日にはとりわけ大規模な合戦があり、姉小路氏方は西軍京極方の三木《みつき》某を討ち取るという戦果を挙げた。京極方では軍勢を飛騨へ派遣することに決し、美濃《みの》（岐阜県）の守護代斎藤妙椿《さいとうみょうちん》に援軍を依頼した。

妙椿は西軍の主力として、京都にいる美濃守護の土岐成頼《ときしげより》を本国美濃で支えただけでなく、周辺諸国にも政治的・軍事的影響力を持ち、東西両軍の運・不運は妙椿の動向次第といわれるほどの実力者だった。

また、妙椿は文武両道に秀でた武将だったが、古川基綱は若い時から和歌の世界では知られた人物であり、斎藤妙椿と古川基綱には文芸を通じた交流があったものだろう。

京極氏の要請に苦慮した斎藤妙椿は、長文の書状を姉小路古川基綱の軍陣に送った。

「先日の三木との合戦に勝利されたことは名誉なことです。しかし、このへんで兵を引かれてはどうでしょうか。これ以上の攻勢に出られるようであれば、私（妙椿）も貴殿と戦わなければならなくなります…」

妙椿の書状は丁寧な文面だが、内容は恫喝《どうかつ》といっていい。おそらく古川・向両氏は撤兵したものだろう。この後、基綱は後事を向之綱に託して帰京している。

この文明三年の「文明飛騨の乱」と通称される合戦は、飛騨の西軍勢力（すなわち多賀出雲入道の勢力）を排除したい幕府（東軍）、高山盆地周辺の家領を回復したい山科家、それに小島勝言に取って代わりたい古川基綱、この三者の利害関係が一致したところに起こったものだった。

台頭する三木氏

幕府と山科家の目論見《もくろみ》は成功せず、これ以後も姉小路氏の内紛は続いたが、文明九年（一四七七）ごろには、多賀出雲入道勢の協力を得た小島氏が勝利したようである。

帰京後の古川基綱は官位の昇進に努め、和歌界でも活発に行動している。文明十年（一四七八）八月、従三位《じゅさんみ》の位記を受け、十二年（一四八〇）には参議、明応《めいおう》三年（一四九四）には従二位《じゅにい》に昇った。基綱の目標とするところは、姉小路氏ではいまだ誰もなったことのない中納言になることだった。基綱は姉小路三家での優位を、官位の上昇に求めたものだろう。

しかし、官位がいくら上昇したところで、それが領地の支配に効力を発揮する時代ではなかった。延徳《えんとく》元年（一四八九）冬には、老体に鞭《むち》打って越前《えちぜん》（福井県）の山中まで出向き、飛驒からの「少ない租税」を待ったが、宰領《さいりょう》（管理・監督）の青侍《あおざむらい》（公家の家政機関に勤務する侍）は殺され、年貢は届かないと嘆いている。

そんなこともあってか、明応八年（一四九九）には京都の後事を息子の済継《なるつぐ》に任せて、基綱は再び飛驒へ下向、永正《えいしょう》元年（一五〇四）に六十四歳で飛驒に没した。友人である三条《さんじょう》西実隆《にしさねたか》らの運動で、死の間際に、待望の中納言に任官している。

一方、京極持清の没後に起こった内紛以降、京極・多賀両氏の飛驒に対する支配力は漸次低下してゆく。ここに台頭したのが三木氏だった。

三木氏は京極氏（または多賀氏）の被官（家臣）で、十五世紀初期に北近江から飛驒南端の益田《ました》郡竹原（岐阜県下呂《げろ》市）に移住・土着した武士団という。斎藤妙椿書状に見える「三木」が誰を指すのか不詳だが、『飛州《ひしゅう》志《し》』（江戸時代の地誌で飛驒研究の基本史料）の三木系図によれば、三木久頼《ひさより》ということになる。

「三木」は文明飛驒の乱の時点で、すでに守護勢力を代表する地位にあったが、これ以降、守護家から離れた独自の動きを開始し、著しい台頭をみせる。

三家の抗争と三木氏の介入

三木氏当主は久頼の次が重頼《しげより》、以下、重頼―直頼《なおより》―良頼《よしより》―自綱《よりつな》―秀綱《ひでつな》と続く。三木重頼は永正十三年（一五一六）に没したが、次の直頼は飛驒随一の立場を築き、次の良頼の代には姉小路氏の名跡と飛驒国司の地位を奪うにいたる。

文明飛驒の乱以降も、姉小路氏では小島・古川両氏の対抗関係を軸にしばしば内紛が起こった。その内紛の根底には所領問題があった。

戦国期の姉小路氏の所領は、おそらく飛驒にしかなかっただろう。しかも、古川盆地には小島郷・古川郷・小鷹狩《こたかり》郷の三郷があったのみらしく、それ以外の地に姉小路氏の勢力が拡大したことを示す史料もない。だからこそ、高山盆地周辺の比較的豊かな山科家領の利権が重要だった。

その高山盆地は、三木直頼の代には完全に三木氏の勢力下に置かれてしまった。ここにいたって姉小路三家（小島・古川・向氏）は、古川盆地のわずかな所領を奪い合うことになり、三家の主導権争いは時に合戦となることもあった。

もちろん、この時期に飛驒で起こった戦乱すべてが姉小路氏の内紛ではないが、狭い範囲で起こる戦乱のため、そこに実力者の三木直頼が介入することは避けられず、そのたびに、三木直頼の姉小路氏に対する影響力が深まっていった。

姉小路三家では、基綱の代にいったん三家の主導権を古川氏が握ったが、その後、古川氏では基綱の息子済継とその息子済俊《なるとし》の当主二代が、十年の間を置かずに相次いで没するという不幸に見舞われた。

済俊が二十三歳という若さで飛驒に没した三年後の享禄《きょうろく》三年（一五三〇）六月十五日夜、古川氏の家臣団に不穏の動きがあり、「古川殿（済俊の弟、高綱《たかつな》か）」が古川城（岐阜県飛驒市）を脱出して広瀬（岐阜県高山市）へ逃れるという事件が起こった。

この時は三木氏が介入して七月中には事なきを得たが、翌年春、今度は向氏の重臣牛丸与《うしまるよ》十郎《じゅうろう》が忍城《しのび》（岐阜県飛驒市）に立て籠もる。それを益田衆が攻め落とし、さらに三月二十日には古川の城も落ちた。残兵は白川方面（同前）へと逃走したが、小鳥口《おどり》（岐阜県高山市）で大野衆が渡り合い、ことごとく討ち取ったという。

ここに見える「益田衆」「大野衆」とは、ともに三木氏配下の軍団であり、この戦乱は姉小路三家（特に古川・向両氏）それぞれの家臣団中にあった反三木勢力が蜂起《ほうき》し、それを好機として三木氏が姉小路氏内の反三木勢力を掃討したものらしい。この合戦で姉小路古川氏は没落し、三木氏が古川家の実権を握ったようである。

享禄三年（一五三〇）四月二十五日に、三木直頼が両小島（小島氏と向小島氏）へ礼に赴いているが、これは三木氏が姉小路古川氏を支配下に入れることについて、他の二家に挨拶したものと考えられている。

天文九年（一五四〇）八月、三木直頼は美濃守護の土岐頼芸《よりのり》からの要請により、一族の三木新九郎《しんくろう》に軍勢を付けて美濃へ派遣した。その軍勢には三ヵ所（姉小路三家）・広瀬・高原（江馬氏）からも、それぞれ百・二百ずつの加勢があった。

そのころ土岐頼芸と斎藤道三《どうさん》の結託に反対する勢力が、中美濃・東美濃の加茂《かも》郡・可児《かに》郡あたりにあり、三木新九郎を大将とする飛驒勢は、米田島《よねだじま》城（岐阜県美濃加茂《みのかも》市）・野上城（岐阜県加茂郡八百津町《やおつちょう》）など、東美濃の城塞《じょうさい》三カ所を一日で落とす戦果を挙げた。十月、三木直頼は援兵の礼に姉小路三家へ赴いて数日逗留《とうりゅう》、家来衆にも酒を飲ませ、三家と広瀬氏・江馬氏へ酒樽《さかだる》五十ずつを持参したという。

すでにこの段階の三木氏は、姉小路氏を含む飛驒諸勢力の盟主だった。

三木直頼没後の戦乱

三木直頼は天文二十三年（一五五四）六月に没したが、その三カ月後の九月には朝廷が姉小路三家に官位を大盤振る舞いしている。

小島氏の当主時親《ときちか》を従四位下《じゅしいのげ》・左中将、時親の息子雅秀《まさひで》を正五位下《しょうごいのげ》・左少将、雅秀の息子時光《ときみつ》を従五位下・侍従に叙任したほか、向氏の当主貞熙《さだひろ》が正五位下・左少将に、古川氏の当主済堯《なるたか》（故済俊の養子）が従五位下・侍従になっている。また、同年十月六日付で三木氏の菩提寺《ぼだいじ》の禅昌寺《ぜんしょうじ》（岐阜県下呂市）が十刹《じっさつ》（五山に次ぐ寺格）に列せられ、後奈良《ごなら》天皇の綸旨《りんじ》が発行された。

山科言継《ときつぐ》の日記によれば、同年九月十日には広橋権大納《ごんのだいな》言国光《ごんくにみつ》が飛驒に下向し、十二月八日に帰京している。その際、言継は向貞熙と三木良頼それぞれに手土産を添えて書状を認《したた》め、それを広橋国光に託した。この時点で飛驒に在国していた姉小路三家の当主は、向貞熙のみだったのだろう。

この朝廷の一連の動きは、三木直頼の死をとらえ、姉小路三家の関係および三家と三木氏との関係を平和的に再編しようとの意図によるものだっただろう。その裏には、高山盆地周辺の所領を回復しようと、懸命の努力を続ける山科言継の働きかけがあった。

だが、山科言継の願いはむなしかった。翌年、翌々年と飛騨で戦乱が起こる。この戦乱は弘治《こうじ》元年（一五五五）閏《うるう》十月以前にはじまり、同二年三月には、当時甲斐《かい》（山梨県）の恵林寺《えりんじ》

【姉小路三家の歴代当主】（推定）　―は必ずしも親子関係を示すものではない。

［小島氏］
勝言―時秀―時親―雅秀―時光

［古川氏］
基綱―済継―済俊―高綱*―済堯**

［向氏］
之綱―熙綱―宗熙―貞熙

*　済俊の死亡時に息子はまだ一歳の幼児だったため、済俊の弟の高綱が跡を継いだ。済俊の遺児を系図では秀綱とするが不詳。

**　済堯については「故済俊の養子」と史料にあるが、あるいは三木氏に擁立された人物か。

（山梨県甲州市）にいた禅僧の快川紹喜《かいせんじょうき》が、「三ヶ御所城塁が落去しそうだ」というのは本当だろうかと、飛驒の禅昌寺の功叔宗輔《こうしゅくそうほ》に尋ねている。

「三ヶ御所」とは姉小路氏三家のことであり、「落去」というのだから、三家の城が落城または開城しそうだというのだろう。だとすれば、これは姉小路三家すべての没落を意味している。

つまり、三木氏が姉小路三家を、それぞれ飛驒から駆逐したか支配下に入れたか、そのどちらかである。

三木氏、飛驒国司家を乗っ取る

弘治二年（一五五六）三月ごろ、飛驒の戦乱は終わった。この戦乱によって姉小路三家は、古川氏のみでなく残る小島・向両氏の没落も決定的となった。

京極氏の被官から成り上がった三木氏にとって、れっきとした公家国司の姉小路氏はやっかいな存在だった。実力では三木氏が上にあっても、名目では飛驒国司の肩書をもつ姉小路氏に分があったからである。

三木良頼の次の政略は、朝廷の官位を受け、さらに、姉小路氏の名跡を継承することだった。それには、時の関白近衛前久《このえさきひさ》（当時の名乗りは前嗣《さきつぐ》）と十三代将軍の足利義輝《あしかがよしてる》が仲介の労をとった。

良頼は、弘治四年（一五五八。二月に永禄《えいろく》と改元）正月十日、従五位下・飛驒守に叙任され、翌永禄二年（一五五九）十月には、子息光頼《みつより》（のちの自綱）が姉小路三国司の一家と認められる。翌三年には良頼が従四位下、光頼が従五位下・左衛門《さえもんのすけ》佐となって、家名も「古川」を名乗ることが許され、良頼は「古川飛驒守」、光頼は「古川左衛門佐」と称されることになった。

さらに良頼は、同五年（一五六二）二月十一日、従三位に叙され、ついに公卿《くぎょう》へと成り上がった。京都の公家社会にとって、この人事は「稀代《きだい》の例」であった。この日、良頼は「嗣《つぐ》頼《より》」と改名しているが、これは関白近衛前久の当時の名乗り「前嗣」の一字を受けたものであり、「稀代の例」をひらいたのは前久だった。

ところが、「稀代の例」はこれだけではすまなかった。永禄五年（一五六二）十二月、良頼はさらに中納言まで望み、十二月一日、将軍義輝を通じて近衛前久に要請があり、前久もまたそれを奏請したのである。さすがに正親町《おおぎまち》天皇はこれを許さなかった。

十二月十一日、天皇から前久に対して、

「飛驒の三木を中納言にするのは、例のないことだから、関白は不可能だと分別して、その旨、将軍に返事せよ」

との下命があった。これに対し、前久は十八日になってなお勅許を迫ったらしい。二十日には再度不許可が申し渡されて、前久もさすがに諦《あきら》めねばならなかった。翌六年三月には自綱が侍従に任命されている。

三木良頼は結局、中納言にはなれなかったのだが、この後、武家社会では良頼・自綱父子を「姉小路中納言・姉小路宰相」と呼んでいる。勅許もないのに、武家（将軍）の執奏《しっそう》（取り次いで奏上する）という手続きのみで、通称としてまかり通ったということなのだろう。

良頼が中納言を可能だと考えた根拠は、先の姉小路古川基綱の例があったからだろうが、もう一つ、上杉謙信《うえすぎけんしん》（当初は長尾《ながお》景虎《かげとら》。上杉政虎《まさとら》・同輝虎《てるとら》と改名、入道して謙信）・足利義輝・近衛前久三者の連携があったのかもしれない。上杉氏を頼ろうとする将軍、上杉氏に期待する関白、それに飛騨を勢力圏に取り込みたい上杉氏、この三者の利害は一致するからである。ただし、将軍と関白にそのような意図があったとしても、謙信の直接関与を示す史料はない。

三木良頼の時代は、甲斐（山梨県）の武田《たけだ》信玄《しんげん》と越後《えちご》（新潟県）の上杉謙信が北信濃《きたしなの》（長野県北部）や北関東の支配をめぐって激しくぶつかった時期である。当然、飛騨もそれに巻き込まれたが、良頼の官位昇進に上記のような「裏」がなかったとしても、三木良頼は終始上杉方であった。

京都の自綱と信長

永禄十三年（一五七〇。四月に元亀《げんき》と改元）、良頼の息子自綱が上洛《じょうらく》した。

この年正月十五日、織田信長は「禁中御修理、武家御用、その外《ほか》天下の為」として諸大名に上洛を命じたが、上洛すべき一人として「姉小路中納言殿　同飛騨国衆」と記録されている。中納言とされるのは良頼であるが、この時は良頼ではなく、嫡男の自綱が名代《みょうだい》として上洛した。

信長は二月二十五日に岐阜を発《た》ち、二月三十日に入京した。山科言継の日記によれば、三月一日、山科言継は朝食ののち三条新少将とともに十五代将軍の足利義昭《よしあき》を訪問し、午後になって将軍と対面した。

参じた者たちは、織田信長・畠山昭高《はたけやまあきたか》・畠山高政《たかまさ》・三好義長《みよしよしなが》らのほか、将軍直臣ことごとく伺候《しこう》し、公家衆では山科言継のほか、烏丸《からすまる》一位・久我《こが》入道・飛鳥井《あすかい》中納言・飛鳥井中将・烏丸弁・広橋・三条少将・姉小路侍従・藤侍従らであった。この公家衆の一人に「姉小路侍従」＝姉小路（三木）自綱が含まれている。

三月三日、また山科言継は三条新少将を同道して将軍を訪問した。参じた者たちは一日と同じような顔ぶれだが、信長はいない。ここでも御礼に参じた公家のなかに「姉小路侍従」の顔が見える。その後、言継らは織田信長を訪問したが、信長は取り乱れているからとのことで対面しなかった。さらに言継は、三好義長や尾張《おわり》の水野下野守《みずのしもつけのかみ》の宿所を訪問し、姉小路自綱の宿所を訪問したのち、徳大寺《とくだいじ》邸や一条邸を回って帰宅した。翌日には自綱が山科邸を訪れて返礼している。

四月一日、信長は新造なった将軍義昭の二条屋敷落成の祝儀として能を興行したが、自綱は伊勢《いせ》国司北畠《きたばたけ》中将卿（信長の次男信雄《のぶお》）・三州徳川家康卿・畠山殿・一色《いっしき》殿・三好左京大夫《さきょうのだいぶ》・松永弾正《まつながだんじょう》とともに陪席した。『信長公記《しんちょうこうき》』では、陪席者の筆頭に「飛騨国司姉小路中納言卿」を挙げている。

四月十一日には山科言継は、何か訴訟問題をかかえる成菩提院《じょうぼだいいん》や蓮光院《れんこういん》を伴って、信長の側近奉行の一人武井夕庵《たけいせきあん》の宿所を訪問した。しかし、夕庵は「飛騨国司（自綱）」のところへ使いに行って留守だったため、そのまま帰宅している。

この後、四月十八日には自綱が小御所《こごしょ》で正親町天皇に謁し、昇殿の御礼をした。それは「武家の執奏」によるとされているから、十一日の武井夕庵の用件はこのことに関するものだっただろう。武家すなわち将軍の執奏といっても、当時、その実態は信長の意向によるものだった。自綱の昇殿は信長が手配したものだったのである。

おそらく、この時の上京で、自綱は信長の実力を思い知らされたはずである。その強烈な印象は、以後の自綱の行動を大きく左右するものとなっただろう。一方、信長が自綱を優遇したのは、「権威づけ」とともに、飛驒を上杉陣営から織田陣営へ引き込もうとの意図があったものだろう。

元亀三年（一五七二）十一月、良頼が没した。上杉謙信と越中の一向一揆との戦闘たけなわの時である。この年八月には上杉氏から飛驒勢にも出陣が命じられたが、良頼はとりあえず江馬氏らを派遣し、自らは病の床にあるので、嫡男自綱を派遣すると返答した。そうした混乱のなかでの病没だった。

この後、上杉氏が自綱の出陣を免除したか、自綱の意志で出陣しなかったか、どちらにしろ、おそらく自綱は越中へは出陣しなかっただろう。良頼の次に三木氏すなわち飛驒国司姉小路氏の当主となった自綱は、織田信長への傾斜を強めるのである。

姉小路自綱の飛驒統一と滅亡

元亀三年（一五七二）秋、上杉謙信が越中一向一揆と悪戦苦闘している最中に、武田信玄が西上の大遠征を開始し、飛驒へも武田方の調略が入った。

飛驒は上杉・武田・織田という強大勢力の間で難しい選択を迫られていた。そんな大事な時期に良頼が没したのである。飛驒の動揺は大きかっただろうが、幸い対武田氏という点で織田・上杉両氏は同盟していたから、自綱は信長方として一貫できた。

天正三年（一五七五）、またも自綱が上洛し、十月二十三日、「飛騨国司姉小路中納言卿」として信長に栗毛馬《くりげうま》を進上した。この栗毛馬は一段の駿馬《しゅんめ》で、信長は大変気に入ったという。信長は十一月、大納言・右大将に任じられて拝賀しているから、自綱の上洛はそれを賀すためだっただろう。このころ、織田・上杉は敵対関係となっていたが、自綱は織田方の立場を鮮明にしている。

同六年（一五七八）三月に上杉謙信が急死すると、信長はすぐさま越中の制圧に乗り出した。四月には、自綱も神保長住《じんぼながずみ》や佐々長秋《さっさながあき》とともに越中出陣を命じられている。

同十年（一五八二）三月の織田軍による武田攻めに、飛騨勢は越前大野《えちぜんおおの》（福井県大野市）の金森長近《かなもりながちか》に率いられて参陣することとされていた。実際、江馬氏は人質を出して参陣したようだが、三木氏が参陣したかどうかは明らかでない。

この年六月に本能寺《ほんのうじ》の変《へん》が起こるや、自綱は独自の動きを開始する。高原の江馬氏を滅ぼし、三木一族の鍋山豊後守《なべやまぶんごのかみ》を滅ぼして、さらに天正十一年（一五八三）秋には、広瀬氏を滅ぼした。ここに自綱は、庄川流域の内ケ島氏を除き、ほぼ飛騨の統一に成功した。

この後、自綱は家督と本城の松倉城（岐阜県高山市）を息子秀綱に譲り、自らは広瀬高堂《たかどう》城（同前）に移ったと伝える。出家して「休庵」と号するのも、このころだろう。

だが、自綱の得意もここまでだった。天正十二年（一五八四）に羽柴秀吉と徳川家康・織田信雄連合とが対峙《たいじ》した小牧《こまき》の陣が起こると、三木自綱・秀綱父子は越中の佐々成政《なりまさ》とともに家康・信雄連合に加担した。そのため、翌十三年、秀吉は越前大野の金森勢を飛騨へ派遣する。

八月、広瀬高堂城は開城し、自綱は飛騨を追放された。閏《うるう》八月、秀綱と弟季綱《すえつな》は、女たちとともに落城直前の松倉城を脱出、信濃に逃れて梓川《あずさがわ》を下ったが、途中、土民に襲われて殺された。秀綱兄弟が信濃に逃れたのは、徳川家康の庇護《ひご》を期待して遠江《とうとうみ》（静岡県）浜松へ向かおうとしたものと考えられている。

ここに、飛騨国司家としての姉小路氏は名実ともに滅亡した。飛騨を追放された自綱は、その後、前関白近衛前久に庇護され、天正十五年（一五八七）、四十八歳を一期として京都に没した。

秀吉の自綱に対する寛大な処置は、飛騨国司という由緒によるものだっただろうか。

〔主要参考文献〕

多賀秋五郎『飛騨史の研究』（濃飛文化研究会、一九四一年。一九七八年改訂再版）
岡村守彦『飛騨史考（中世編）』（自費出版、一九七九年）
谷口研語『飛騨三木一族』（新人物往来社、二〇〇七年）

12　幕府から武力を期待された公家衆

【伊勢北畠氏】

大薮　海

忘れ去られた存在

「伊勢国司北畠氏の研究は、斎藤拙堂『伊勢国司記略』（天保十二年）や大西源一氏『北畠氏の研究』（一九六二年）の枠を未だに越えてはいないように思われる。」

戦後、伊勢《いせ》北畠《きたばたけ》氏（以下、特に明示する必要がある場合を除き、「北畠氏」と略す）の研究を本格的に推し進めた西山克《まさる》氏は、昭和五十四年（一九七九）の時点でこのように記した（西山：一九八六）。

この時すでに、戦後三十年以上を経過しているにもかかわらず、北畠氏の研究は、戦前はおろか、江戸時代の研究の水準にすら到達していないというのであるから手厳しい。しかし、これは決して大げさな表現ではなかった。北畠氏は、戦後の日本史学界において研究対象とされることは極めて稀《まれ》で、いわば忘れ去られた存在だった。

日本史上で最も有名な北畠氏の人物と言えば、十四世紀の南北朝時代に活躍した北畠親房《ちかふさ》（一二九三〜一三五四）であろう。本稿で扱う伊勢北畠氏は、その親房の三男顕能《あきよし》（?〜一三八三）を初代とする（次頁の「北畠氏略系図」参照）。

戦前において親房とその長男顕家《あきいえ》（一三一八〜三八）は、後醍醐《ごだいご》天皇に仕えた忠臣と称《たた》えられ研究が進められた。しかし、顕能を始祖とする伊勢北畠氏への関心は薄く、戦後になってもその状況は変わらなかった。そうした状況下で書かれたのが、冒頭の一文なのである。その西山氏以後は、北畠氏についても実証的な研究が行われるようになり、近年の研究状況は格段の進歩を遂げているといえる。

しかしながら、中央の政治史研究において、北畠氏が登場することは、現在までほとんどない。その原因としては、関係史料があまり遺《のこ》っていないとみられていたことが挙げられる。実際、北畠氏が自らの支配地をどのように治めていたのかは不明な部分が多く、歴代当主についても、同一人物なのに別の人物と近年まで誤認されてきた人物がいるほどである（後述）。

また、北畠氏が本書で取り上げられる理由でもあるが、同氏は公家衆でもあり武士でもあるという、捉えにくい存在であることも影響しているであろう。親房を例として挙げるまでもなく、北畠氏は歴《れっき》とした公家衆である。しかしながら、戦国時代においては伊勢南半国

【北畠氏略系図】（太字は家督。＝養子）

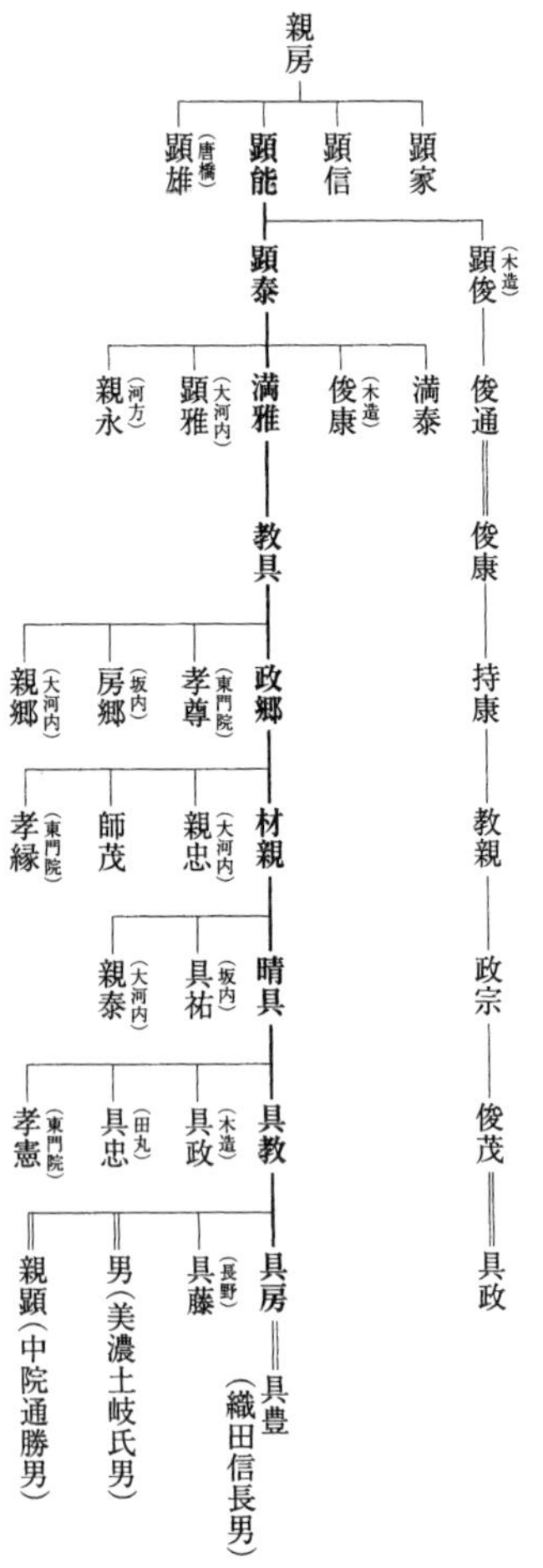

（三重県南部）を支配しており、戦国大名とみなされることすらある。この両方の要素を持ち合わせた存在であるため、公家衆を語る際にも武士を語る際にも、北畠氏は素材となり得なかったのである。

しかし、どちらの点についても状況が変わりつつある。たとえば史料の点についていえば、一九九〇年代に入ってから、三重県内各地で自治体史の編纂《へんさん》が進められ、これまで知られていなかった史料が見出されたり、知られている史料の中にも、北畠氏に関する記述が少なからずあることがわかってきたりした。

また、三重県内の中世遺跡の発掘も精力的に進められており、古文書や古記録からは知り得ない北畠氏の姿も明らかとなっている。

さらにその存在形態についても、北畠氏を守護や戦国大名といった、従来の枠組みで捉えるべきではないとの見解が出されている（藤田：二〇〇四）。従来の概念に収まらない北畠氏を、日本中世史全体の中に位置付け直す土壌は整備されつつあるといえよう。

こうした研究状況を踏まえ本稿では、現在判明している北畠氏の姿について、特に人物に注目して紹介していく。なお、内容は十五〜十六世紀の戦国期を中心とするが、南北朝・室町期についても紙幅の許す限り言及する。

伊勢北畠氏の初代は誰か

伊勢北畠氏の初代は顕能であると先述したが、そのことが確定したのはつい最近のことである。

鎌倉幕府を倒した後醍醐天皇が、各国の政務担当者として国司と守護を設置したことはよく知られている。戦前においては、その併置時から北畠氏は伊勢国を治める伊勢国司に任命され、顕能がその初代、顕能の兄にあたる顕信《あきのぶ》（生没年不詳）が二代目を継承したと考えられてきた。

しかし戦後になって、その根拠とされた史料の再解釈が行われたり他の史料が活用されたりすることによって、再検討が進められた。

現在では、伊勢国司の初代は不明ながらも、北畠氏ではじめて伊勢国司に任命されたのは顕能であり、顕信の伊勢国司在任はなかったとする見方に落ち着いてきている（岡野：二〇〇九）。

南北朝期の北畠氏

顕能の伊勢国司在任は、延元《えんげん》三年（一三三八）から応安《おうあん》四年（建徳《けんとく》二年、一三七一）まで確認できる。その間の北畠氏は劣勢続きで、北朝軍により田丸《たまる》城（三重県度会《わたらい》郡玉城《たまき》町）を追われ、山間に位置する多気《たげ》（三重県津市美杉《みすぎ》町）に本拠を移していた。

しかし、他の南朝勢力が滅亡に追いやられる中で、北畠氏は最後まで抵抗を続け、南北朝合一（明徳《めいとく》三年〈元中《げんちゅう》九年、一三九二〉）後も、室町幕府から所領の支配を引き続き認められている。

「知行主」北畠氏

文和《ぶんな》三年（正平《しょうへい》九年、一三五四）の北畠親房の没後、顕能は南朝がある吉野《よしの》に移ったため、顕泰《あきやす》（生没年不詳）がその跡を継承した。南北朝合一時の当主も顕泰であり、以後は室町幕府から任命された伊勢守護が北伊勢を、北畠氏が南伊勢を治めることになる。

従来、その南北朝合一後の北畠氏については、朝廷から伊勢国司に任命されて南伊勢を治めていた、あるいは幕府から伊勢南半国守護に任命されていたと考えられてきた。

しかし、北畠氏が伊勢国司に任命されたのは南北朝時代、しかも南朝によってであり、南北朝合一後は任命されていないのである。また、「半国守護」というのは、通常一国単位で幕府から政務担当者として任命される守護職が半国単位に分割されたもので、遠江国《とおとうみのくに》・駿河国《するがのくに》（今川《いまがわ》氏）や加賀国《かがのくに》（赤松《あかまつ》氏）などでその事例を確認できる。

ところが、伊勢国において半国守護が設置されていたことは確認できず、北畠氏自体も、幕府や伊勢国の人々から守護とはみなされていない。そのような「守護ではないにもかかわらず、守護のようにみえる地域権力」を守護と認識すべきではないし、あるいは「守護のような存在」とするのも本質を見失うおそれがある。

そのため、現在の研究動向に沿って、筆者もそのような存在を「知行主《ちぎょうしゅ》」と名付け、室町幕府の権力構造の中に位置付けるべきであることを主張している（大藪：二〇一三）。

二度の反乱と恭順

応永《おうえい》六年（一三九九）、和泉国堺《いずみのくにさかい》（大阪府堺市）で和泉守護の大内義弘《おおうちよしひろ》が幕府に叛旗《はんき》を翻した。いわゆる「応永の乱」である。

北畠氏は幕府軍の一員として出陣を命じられ、その結果、顕泰嫡子の満泰《みつやす》が戦死した。「満泰」の名は室町幕府の三代将軍足利義満《あしかがよしみつ》の偏諱《へんき》（名前の一字）を受けたものであり（以前の名は親能《ちかよし》）、しかも幕府の命令によって出陣した合戦で戦死を遂げたことからは、北畠氏が幕府からの警戒を解こうと必死であった様子がうかがえる。

ところが、その後北畠氏は二度にわたって幕府に対して反乱を起こした。一度目は応永二十二年である。この一件については、幕府が南北朝合一時《じ》の約束（皇位継承は南北両朝が交互に行うこと等）を遵守《じゅんしゅ》しなかったため、旧南朝の後亀山院《ごかめやま》が吉野に出奔したことを契機とみるのが通説である（二〇頁の「天皇家略系図」参照）。

しかし、直接的な原因は所領問題であり、後亀山院との関連は薄いとみられる。当時の当主は顕泰息の満雅《みつまさ》（?～一四二八）であったが、顕泰も参戦している。この一度目の反乱は幕府軍の勝利という形で終結し、ほどなく満雅も赦免された。

二度目の反乱は正長《しょうちょう》元年（一四二八）に起きた。このときは南朝の子孫である小倉宮聖《おぐらのみやせい》承《しょう》を奉じており、しかも関東の鎌倉公方足利持氏《もちうじ》とも連携した、政治的理由による反乱であった（騙《だま》されて挙兵したとの説もある）。そのためか、この反乱で満雅は赦免されることなく討ち取られている。

しかしその満雅没後も、弟である大河内顕雅《おかわちあきまさ》が満雅の遺児を補佐することで、北畠氏は反抗態勢を維持していた。またしても幕府による北畠氏の赦免という形で終結が図られたのは、永享《えいきょう》二年（一四三〇）であった。

その後は、その遺児が北畠氏の当主となり、六代将軍足利義教《よしのり》の偏諱を受けて「教顕《のりあき》」（のちに教具《のりとも》。一四二三～七一）と名を改めた。教具は満雅と異なって幕府に反抗することなく、義教が赤松満祐《みつすけ》によって暗殺された際（嘉吉《かきつ》の乱〈一四四一年〉）にも、教具を頼って逃れてきた満祐の子息教康《のりやす》を切腹させている。

政具・政郷・政勝

一般的に戦国時代のはじまりとされる応仁《おうにん》・文明《ぶんめい》の乱（一四六七～七七年）開始時の北畠氏当主は、教具である。

しかし教具は文明三年（一四七一）に亡くなり、その跡は子息である政具《まさとも》（?～一五〇八）

が継承した。教具（教顕）と同様に、政具の「政」も将軍（八代将軍足利義政《よしまさ》）から偏諱を受けたものであろう。

政具はのちに「政郷《まささと》」と改名した。位階のうち、四位《しい》・五位の叙位名簿である『歴名《りゃくみょう》土代《だい》』には、従五位上《じゅごいのじょう》に叙されたときの名は「源政具」とあるが、正五位下《しょうごいのげ》に叙されたときの名は「源政郷」とみえている。前者は長禄《ちょうろく》四年（寛正《かんしょう》元年、一四六〇）、後者は寛正五年のことであり、改名はその間の出来事とみられる。その後、文明十一年十一月から翌文明十二年九月までの間にさらに「政勝《まさかつ》」と改名している。

従来、政郷と政勝は別人とされてきた。政勝は政郷の庶長子で、文明十年（あるいは文明八年）に政郷が隠居した後、幼少の嫡子である具方《ともかた》（一四六八〜一五一七）が成人するまで家督を代行したと考えられてきたのである。

しかし、具方が政郷から家督を相続したのは文明十八年であり、当時具方はすでに十九歳になっていた。家督の代行者を置くような年齢ではなかったのである。

また、具方に家督を譲って「逸方《いっぽう》」と称した後も、政勝は大御所《おおごしょ》として政務に携わっている。つまり、具方の家督代行者を置く必要性は全く認められないのである。

ゆえに政具・政郷・政勝は同一人物であり、さらに政勝は文明十八年に子息具方に家督譲渡後も大御所として、北畠氏の所領の支配に深く関与していたと考えられている（小林：一九九三）。

応仁・文明の乱と北畠氏

話は前後するが、北畠氏が幕府から伊勢守護に任命されたのは文明二年（一四七〇）である。これは、北畠氏を幕府側である東軍陣営に留《とど》めておくための措置とみられ、伊勢国中部（三重県中部）を支配する長野《ながの》氏と抗争中であった北畠氏にとっても、利するところがあったと思われる。

しかし、翌年に教具から家督を継承した政郷は西軍贔屓《びいき》（反幕府）であった。加えて、幕府が北畠氏に与えていたその守護職を一色《いっしき》氏にも与えてしまったことから両氏の間で合戦が起き、北畠氏は東軍から西軍に寝返るのではないかと噂《うわさ》されてもいる。実際に寝返ることはなかったものの、政郷はその後も河内国《かわちのくに》（大阪府）で幕府に反抗し続けた畠山義就《はたけやまよしひろ》とは、親子同然の関係にあった。

そのため幕府から疎まれていたようであり、文明十一年（一四七九）には伊勢守護を罷免されている。しかし、文明十八年に義就が幕府から赦免されると、政郷も赦免されたらしく、再度伊勢守護に任命された。

描き直された肖像画

ところで、出家して「無外逸方《むがいいっぽう》」と名乗った政郷の菩提寺《ぼだいじ》である浄眼寺《じょうげんじ》（三重県松阪市《まつさかし》）には、逸方を描いた肖像画が遺されている。当主の肖像画が伝えられていない北畠氏の中では、異例といえる。

しかも、その描かれ方が非常に独特である。たとえば戦国大名の肖像画といえば、出家前か出家後かの違いはあれど、向かって左側を向いて座っている構図が多いであろう。

しかしこの逸方の肖像画は、剃髪《ていはつ》・出家した逸方が法衣《ほうえ》（僧侶が着用する、無地を基本とする衣服）をまとい、立ち姿で太陽を見上げているのである。

さらに、この肖像画には秘密が隠されていた。

平成十八年（二〇〇六）、斎宮《さいくう》歴史博物館（三重県多気《たき》郡明和《めいわ》町）で『北畠氏とその時代』展が開催され、本肖像画も出陳されることになった。

展覧会のポスターに本肖像画を掲載するためにデジタル処理を行っていたところ、肖像の輪郭に不鮮明な部分が複数見つかった。そこでより詳細に検討するため、赤外線による写真撮影を行った結果、現在法衣で描かれているその姿は、当初、柄《がら》が付いた着物を着けていたことが判明したのである。

さらに、賛《さん》（肖像の上部に書き加えられた文章）についても大きな発見があった。賛について不審な点があることに気付いていた研究者もいたが、今回の赤外線撮影により、現在見えている賛の下に別の賛があることが確実となった。

現状では明応《めいおう》三年（一四九四）の日付がある賛が書かれているが、その下に文明十年（一四七八）に書かれた賛があり、しかもその賛には安養寺《あんようじ》（三重県多気郡明和町）の開基である「天綱常統《てんこうじょうとう》」の肖像であることが記されていたのである。

逸方は、曹洞宗《そうとうしゅう》の大空玄虎《だいくうげんこ》を招いて浄眼寺を開き、自らの菩提寺としたことが知られているが、それ以前に臨済宗《りんざいしゅう》の了庵桂悟《りょうあんけいご》を領内の安養寺に招き、その弟子となっていた。その際の法号が「天綱常統」であることから、この肖像画は臨済宗に帰依《きえ》していた文明十年の政郷の姿を描いたものであり、その後曹洞宗の浄眼寺の開基となるにあたって、賛や肖像に修正が施されたと考えられている。

ただ、なぜそのような描き直しが行われたのか、さらには政郷（政勝）が臨済宗から曹洞宗に改宗をした理由についても明らかではない（大久保ほか：二〇〇七）。

逸方・具方（材親）の二頭体制

前述のように、逸方は具方に家督譲渡後も大御所として政務を執っており、具方の執政初期はこの逸方との二頭体制が成立していた。

このとき、国内的には伊勢神宮外宮《げくう》の門前町である山田（三重県伊勢市）を攻めて外宮を炎上させ、国外的には長享《ちょうきょう》元年（一四八七）と延徳《えんとく》三年（一四九一）の二度にわたって行われた近江六角《おうみろっかく》氏征伐に従軍している。

その間に具方は、十代将軍足利義材《よしき》から偏諱を授与されて「材親《きちか》」と改名した。現代からみると変わった読み方をする名であるが、朝廷に仕える女官によって書かれた『御湯殿《おゆどの》の上《うえ》の日記《にっき》』にかな書きで「きちか」とあり、少なくとも公家社会においてはそのように呼ばれていたことが確認できる。ただし、材親に改名後も伊勢国内においては具方の名を使用した形跡があり、両者を使い分けていたようだが判然としない。

明応の内乱

明応四年（一四九五）十月、高柳《たかやなぎ》方幸《かたゆき》・大宮勝直《おおみやかつなお》以下の被官（家臣）十一名が材親に対して訴状を提出した。

さらに彼らは、翌五年一月に材親の支配下にある田丸城を攻めるという実力行使に出たものの失敗し、没落を余儀なくされた。

ところが、この内乱はこれでは終息しなかった。明応六年に入ってから、反材親派の被官らが、材親の異母弟である師茂《もろもち》を擁立する動きをみせたのである。師茂は北畠氏一族の木《こ》造政宗《つくりまさむね》の娘を娶《めと》っていたため、主君―被官の対立は、木造氏を巻き込んだ北畠氏一族内の対立に発展することになった（二四四頁の「北畠氏略系図」参照）。

このような事態に逸方は、材親をその母とともに軟禁する挙に出た。逸方は師茂を支援していたのである。

ただ、その軟禁はすぐに解かれたようで、材親は師茂と木造政宗が籠もる木造城（三重県津市）を攻めている。合戦は明け方から晩にまで及び、材親軍は木造城を落城寸前にまで追い込んだ。しかし、その背後を長野氏が急襲したため、大敗を喫して退却した。

内乱は拡大し、ついには仇敵《きゅうてき》長野氏までを引き込む事態に陥った。事ここに至って逸方は態度を急変させ、内乱の収拾に動き出す。

すなわち、師茂を木造城から召し寄せて材親に引き渡したのである。まもなく師茂は、北畠氏の本拠地である多気で切腹させられた。

この内乱後、逸方の政治的活動は減少し、材親との二頭政治体制は解消されたとみられる。しかし、反乱を起こした被官の処遇問題や、木造氏や長野氏との対立は継続していた。

朝廷や幕府による仲裁を経て、木造政宗の出家という形で決着が付いたのは、永正《えいしょう》元年（一五〇四）のことであった。

足利義材派としての活動

北畠氏内で起きた明応の内乱より少し前、京都でも政局に大きな変化が起きていた。将軍足利義材の家臣である細川政元《ほそかわまさもと》がクーデターを起こし、義材の従兄弟《いとこ》である義澄《よしずみ》を新将軍に擁立したのである（明応の政変）。

この政変に対する北畠氏の積極的な活動はみられないが、のちに義材が再起を図って材親に応援要請をした際には、それに応えている。また、北畠氏内の明応の内乱に際しても、義澄ではなく義材から事態を憂慮する文書を受け取っている。

材親は現政権である義澄よりも、前政権である義材に近かったとみられる。そのためか、永正四年（一五〇七）には幕府から伊勢守護職を罷免されている。

ところが、その義材が細川氏内の混乱に乗じて永正五年に将軍職に復帰すると、材親は再度伊勢守護に任命された。おそらくこの守護職任命は、畿内《きない》近国の政情安定化の一環としてなされたものであり、北畠氏が義材を中心とする幕府陣営に加えられたことを意味している。

翌永正六年には、政権の中心人物である細川高国《たかくに》と相談して義澄方残党の掃討にあたるよう義材から命じられており、幕府が北畠氏を軍事力としても期待していたことがわかる。

安定から滅亡へ

内乱を鎮め、幕府との良好な関係を築くことにも成功した材親は、永正八年（一五一一）に出家し、嫡男具国《ともくに》（前年に親平《ちかひら》から改名。一五〇三〜六三）に家督を譲った。のちに具国は、十二代将軍義晴《よしはる》から偏諱を受けて「晴具《はるとも》」と名乗った。

晴具の時代は前代のような大きな争乱もなく、北畠氏の支配が最も安定した時期とみられる。対外的には、京都での政争に敗れた細川高国が北畠氏を頼ってきたときにこれを保護している。現在、北畠氏館跡（三重県津市美杉町）に隣接して遺る庭園は、その滞在中に高国が作庭《さくてい》したものと伝えられている。

続く具教《とものり》（一五二八〜七六）の時代でも幕府との良好な関係は変わらず、幕府からの費用負担（六代将軍足利義教の百年忌法要開催費の拠出）の求めにも応じている。またその際には、「北畠氏は武士とは異なるから」として特別に礼状を出すことが検討されている。

幕府にとって北畠氏は、武士ではないものの頼りになる存在であった。

具教は永禄《えいろく》五年（一五六二）に具房《ともふさ》（一五四七〜八〇）に家督を譲った後も、大御所として政務を執った。

そして、この具教・具房二頭体制のときに侵攻してきたのが織田信長である。結局このときは、信長次男の茶筅《ちゃせん》（のちに具豊《ともとよ》・信意《のぶおき》・信雄《のぶかつ》）を北畠氏の養子とすることで和議が結ばれた。しかし、天正《てんしょう》四年（一五七六）に具教は暗殺され、具房も幽閉された。

このののちも北畠氏の一族や家臣団は家督を継承した信雄によって維持されていたが（藤田：二〇〇四）、北畠氏はこのときをもって事実上滅亡したのである。

公家衆としての意識

ここまで室町幕府と北畠氏との関係を中心にみてきたが、最後に戦国期の朝廷との関係について簡単に触れておきたい。

結論からいえば、幕府とのそれと比較して、大変薄いものであった。

朝廷に仕える廷臣として活動するためには、京都に居を構えて日々禁裏《きんり》に出仕をする必要がある。しかし、北畠氏は伊勢国での在国を基本としており、継続的な在京は困難であった。そのため、普段の廷臣としての役目は一族の木造氏が担っていたが、戦国期にはその木造氏も伊勢国に在国するようになり、北畠氏の廷臣としての活動は途絶えてしまう。それにもかかわらず官位昇進には熱心であったため、権大納言に任官されたばかりの材親が急病により出家を余儀なくされた際には、「むりやり権大納言になった罰が当たった」などと批判されてもいる。

公家衆の一員としての意識から官位を希求し続けたのか、はたまた別の理由があったのかなど興味は尽きない。北畠氏研究は、まだまだ多くの可能性に満ちているのである。

〔主要参考文献〕

大久保治・小林秀・大川操「浄眼寺所蔵　伊勢国司北畠政勝（無外逸方）像の画像調査について」（『研究紀要〈三重県埋蔵文化財センター〉』十六巻一号、二〇〇七年）
大藪海『室町幕府と地域権力』（吉川弘文館、二〇一三年）
岡野友彦『北畠親房―大日本は神国なり―』（ミネルヴァ書房、二〇〇九年）
小林秀「北畠政郷と政勝」（『Mie history』五号、一九九三年）
西山克「戦国大名北畠氏の権力構造―特に大和宇陀郡内一揆との関係から―」（村田修三編『近畿大名の研究』吉川弘文館、一九八六年、初出一九七九年）
藤田達生編『伊勢国司北畠氏の研究』（吉川弘文館、二〇〇四年）

13　最北の地に栄えた〝南朝北畠系〟の堂上公家

【奥州浪岡氏】

赤坂恒明

尊称は「浪岡御所」

平成十七年（二〇〇五）四月一日、いわゆる「平成の大合併」で青森市と合併して消滅した青森県南津軽《みなみつがる》郡旧浪岡町《なみおかまち》にある浪岡城は、南朝の重臣北畠《きたばたけ》親房《ちかふさ》（一二九三～一三五四）の子孫と伝えられる浪岡氏（波岡家）の居館であった。

浪岡城址は、南朝顕彰の時流のなかで昭和十五年（一九四〇）二月十日、青森県最初の国史跡に指定された。戦後も開発を免れ、現在、「浪岡城跡公園」として中世城館の姿をほぼ完全に伝えている。

この浪岡城を本拠とした浪岡氏は、戦国時代の津軽地方で一定の勢力を張った堂上《とうしょう》公家《くげ》（昇殿を許された公卿《くぎょう》になれる家）で、「浪岡御所」とも尊称された。

浪岡氏に関するすでに知られた重要な文献史料は、『青森県史』資料編 中世2、同3にほぼ集成されているが、分量が非常に少ない。一次史料に基づく限りでは、浪岡氏の歴代・一族については、系譜・実名以下、ごくわずかな事実しか明らかにすることができない。

しかし、浪岡町の閉町一年前の平成十六年（二〇〇四）三月に刊行された『浪岡町史』第二巻は、浪岡氏と浪岡城を特集しており、既知の文献史料に基づいた先行研究を総括した上で新見解が示された。また、昭和五十二年（一九七七）から実施された城跡の発掘調査の成果が反映され、浪岡氏・浪岡城研究の確固たる基礎を築いたものと評価できる。

そもそも浪岡氏は、『国史大辞典』（吉川弘文館）にも立項されておらず（ただし浪岡城は「補遺」で立項されている）、一見、無名の戦国期の一地方領主に過ぎないかのようであるが、この『浪岡町史』第二巻の刊行から、浪岡氏の存在が想像以上に大きかった可能性が知られるようになった。

また、平成二十三年（二〇一一）以降、浪岡氏（波岡家）に関する新出情報を含む一群の同時代史料が学界に紹介された。そこで本稿では、これらの諸研究に基づき、奥州浪岡氏に関する最新の研究成果を紹介することに努めたい。

浪岡氏の出自

浪岡氏は通説的には、十四世紀の建武・南北朝期に奥州に下向《げこう》した北畠氏の子孫と考えられているが、実は、それを明証する一次史料は現存しない。

浪岡氏の末裔《まつえい》とされる人々に伝えられた、江戸時代に作成された系図・由緒書のほとんど全てでは、同氏は北畠親房の長男の鎮守府《ちんじゅふ》将軍北畠顕家《あきいえ》（一三一八～三八）の子孫とされる（水戸藩で編纂《へんさん》された『大日本史』は、顕家の弟の顕信《あきのぶ》の子孫とする説を採るが、史料的根拠の点で問題のあることがすでに確認されている）。

それらの系図・由緒書の中には、顕家の子とされる人物より以降、戦国末期に至るまでの人名が記されていないものもある。所伝が失われていたためであろう。

一方、歴代の実名が挙げられている系図も、掲げられた人名は系図ごとに相違があり、別系統の他史料から実在を裏付けることができないものも多い。さらに、一次史料とは合致しないものも少なくなく、多くは史料性において信頼度が低いと言わざるを得ない。

例えば、浪岡家の後裔である三春秋田《みはるあきた》家の『北畠浪岡系図』（『青森県史』資料編 中世2所収）より抄出した系図は、次のとおりである。

顕家—顕成—親成—忠具—俊具—具運—具統—具永—好具—具定
　　（顕忠）（顕具）（具言）（具慶）　　　　　　　　　└慶好—

この系図は、有名な系図史料『尊卑分脈《そんぴぶんみゃく》』における「顕家—顕成—親成」の三代に浪岡氏の系譜をつなげ、実在が確認される具永・具統・具運《ともゆき》の三人（後述）を配している。しかし、この系図で具永の祖父とされている具運は、正しくは具永の孫であり、ここには系図作成者による誤った解釈が含まれている。

また、浪岡具永の時に浪岡に開創し、後に弘前《ひろさき》へ移転したという京徳寺《きょうとくじ》には、安永《あんえい》四年（一七七五）作成の過去帳（「京徳寺過去帳」）がある。そこに見える浪岡氏の人名と没年月日は、次のとおりである。

源顕家　延元三年（一三三八）五月二十三日／源顕元　応永二年（一三九五）八月十日／源
顕成　応永九年（一四〇二）八月七日／源顕邦　文安五年（一四四八）二月十七日／源顕義
明応二年（一四九三）三月八日／源顕具　大永二年（一五二二）五月三日／源具統　天文二
十一年（一五五二）十月三日／源具永　弘治元年（一五五五）五月二十四日／源具運　永禄
五年（一五六二）正月五日／源顕村　天正七年（一五七九）七月二十日

顕家以下、この過去帳と上記『北畠浪岡系図』とで一致する人名は、『尊卑分脈』にも見える顕成と、実在が確認されている具永・具統・具運の四人に過ぎず、他はことごとく異なっている。

具永・具統・具運の三人は、北畠一門の多くの成員と同様に村上源氏《むらかみげんじ》の祖である具平《ともひら》親王（九六四〜一〇〇九）の名の一部である「具」の字を用いている。しかし、具永の初名は朝家であり、「朝」字も「家」字も、北畠一門が代々人名に用いたものではない。

そのため、浪岡氏は、もともと北畠家とは無関係であったが具永の代に北畠一門を称するようになった、とさえ憶測することができるかも知れない。

しかし、浪岡城からの出土品に、浪岡氏の出自を推測するに足るものがあることが明らかにされた。それは、甲冑の基本部品である小札《こざね》の一種である「小札頭《がしら》伊予札《いよざね》」である。

これを使用した遺品のうち、まとまった領数で現存するのは、大阪府河内長野《かわちながの》市にある金《こん》剛寺《ごうじ》の腹巻《はらまき》（鎧《よろい》の一種）八領である。金剛寺は南朝との関係が深く、多くの南朝の遺品が残されており、八領の腹巻も南朝所縁の鎧とされる。

つまり、浪岡には、南朝との関係が深い「小札頭伊予札」を使用する武士団が存在しており、これは、浪岡氏の出自を北畠家に結びつける系図の所説とも矛盾しない。

決定的な根拠とすることはできないが、浪岡氏（波岡家）を北畠家一族とする伝承が架空から生まれた創作でなく、そこには歴史的背景があると見ることも十分に可能であろう。

浪岡氏の祖の浪岡移住

十四世紀の南北朝期から十五世紀後期の室町中期に至るまで、浪岡氏の実態は杳《よう》としてわからない。

浪岡氏の祖である北畠一族が浪岡に移った時期と人物については、江戸時代における南朝「研究」隆盛の中で様々な説が現れたが、いずれも史料的根拠の点で不十分であると言わざるを得なかった。

伝承によると浪岡氏の祖は、糠部《ぬかのぶ》南部《なんぶ》氏の勢力圏から浪岡に移ったとされる。糠部南部氏は、南朝年号を使用していたことからも明白なように、南朝支持勢力であった。南朝消滅時、糠部南部氏は、陸奥国《むつのくに》糠部郡の三戸《さんのへ》城（青森県三戸郡三戸町）を根拠地として、陸奥国津軽・久慈《くじ》・閉伊《へい》・岩手、出羽国《でわのくに》山北《せんぼく》に勢力を広げつつあった。

彼らは、十五世紀中葉、津軽郡の日本海側から出羽国に勢力を伸ばし蝦夷《えぞ》交易にも従事していた安藤《あんどう》（安東《あんどう》）氏を破り、陸奥国津軽・外浜《そとがはま》、出羽国合浦《がっぽう》（出羽国最北端）にまで勢力を広げた。

そのため浪岡氏は、勢力を拡大しつつある糠部南部氏に擁立されて、十五世紀の中葉以降、浪岡に移ったということになる。この年代は、浪岡城跡を含む北日本地域における中世後期の遺跡から出土した陶磁器の分析から導き出された推論（『浪岡町史』二）とも矛盾していない。

すなわち、十五世紀中頃以前の浪岡城跡からの出土陶磁器は、安藤氏の根拠地であった十《と》三《さ》湊《みなと》（青森県五所川原《ごしょがわら》市。旧北津軽郡市浦《しうら》村）から搬入されたと考えられており、これは北畠氏が移住する以前、安藤氏の支配下にあった時期のものと推定されている。

十五世紀中〜末期、浪岡城跡には舶載・国産双方の陶磁器が増大しており、これは浪岡城の城館整備と軌を一にする、と推測されている。

また、安藤氏が旧領外浜を南部氏から奪還するために設けられた山城と考えられている尻《しり》八館《はちだて》跡（青森市）の出土陶磁器の搬入時期が、十五世紀第3四半期から第4四半期前半代までに絞り込まれたことは、「浪岡城に北畠氏が入部した時期を特定する一つのメルクマールとなる」（『浪岡町史』二）とされる。

浪岡氏の祖の浪岡移住年代は、文献史料のみからでは確定しがたかったが、考古学の研究成果によって、ある程度まで具体化することができるようになったのである。

北日本地域に君臨する浪岡氏

室町期の奥羽《おうう》では、鎮守府将軍の北畠顕家・顕信兄弟を支持した地域勢力が少なくなかった。元中《げんちゅう》九年（明徳《めいとく》三年、一三九二）の南朝政権消滅後も、北畠氏発給文書は、糠部南部氏のほか、八戸《はちのへ》南部氏等、奥羽の旧南朝支持勢力の間に保存され続け、今日まで伝存している。

北畠一族が浪岡に移った背景としては、彼ら旧南朝支持勢力の存在が想定されている。また、公家の血統である浪岡氏は、非軍事的な要素が強く、本質的には地方武士勢力と対立する存在ではなかったと推測される。糠部南部氏の勢力下にありつつも、浪岡氏は、出羽国河北《かわきた》に拠《よ》った下国《しもくに》安東氏（秋田氏）とも密接な関係を持ち続けた。

これをもって浪岡氏は、室町期の奥羽北部から蝦夷地に及ぶ「北方世界秩序」における統合の象徴として位置づけられていた、と考えられている。

この推定は、浪岡城の遺構が軍事的施設の要件が脆弱《ぜいじゃく》であるという指摘とも矛盾していない。

なお、十五世紀末〜十六世紀の浪岡城跡出土陶磁器は、「道南の拠点的な港湾城館遺跡」である北海道檜山《ひやま》郡上ノ国《かみのくに》町の勝山館《かつやまだて》跡、八戸南部氏の根《ね》拠地であった青森県八戸市の根城《じょう》跡、曾我《そが》氏の拠点であった青森県南津軽郡平賀《ひらか》町の大光寺《だいこうじ》城跡からの出土陶磁器と同様の傾向を示している。

ここから浪岡城は、これらの城館と同様、「地域の拠点城館」であったとことが確認されている。

したがって浪岡氏は、強力な軍事力に支えられていたのではなく、公家の後裔《こうえい》としての権威によって、北日本地域に君臨していたと理解することができる。

事実、奥州における浪岡氏の身分は、他の地方領主と比較して、きわだって高いものであった。浪岡氏は、室町将軍家に最も近い一族である奥州斯波《しわ》郡の斯波《しば》氏、その支流の奥《おう》州《しゅう》探題《たんだい》大崎《おおさき》氏と同じ「御所」号で呼称され、また、南部九戸《くのへ》一族と推定される「信家」から「進上　浪岡殿　人々御中」という宛書で書状を受けている（『青森県史』資料編 中世2・3所収 西町屋石橋家旧蔵資料「信家書状」）。

浪岡氏三代の叙位・任官

一次史料から実名を明らかにできる奥州浪岡氏（波岡家）の成員は、前述のように、具永（もと朝家）、具統、具永の孫具運の三名のみである。

彼らは朝廷から叙位・任官されたため、室町から織豊《しょくほう》期の四位《しい》・五位の叙位記録『歴名《りゃくみょう》土代《どだい》』に実名が記録された。同史料によると、彼らの家名は「波岡」、氏は「源」であり、続柄や没年はわからないが、浪岡氏（波岡家）成員の叙任年代が明らかとなる貴重な基礎情報として、旧来から重視されている。

『歴名土代』によると、具永は、天文《てんぶん》五年（一五三六）六月十四日、源朝家の氏名で叙爵《じょしゃく》（五位に叙されること）されて侍従《じじゅう》に任じられた。同九年六月二十四日には、もと朝家の源具永（奥州波岡）が従五位上《じゅごいのじょう》に昇り弾正大弼《だんじょうだいひつ》に任じられ、同十七年正月五日、正五位下《しょうごいのげ》に昇り、同二十一年二月二十八日、従四位下に昇り左中将に任じられた。

侍従に任じられ、左中将に昇っていることから、浪岡氏（波岡家）は「羽林《うりん》家」の家格の堂上公家であったことが確実であり、この家格は北畠一門と同じである（二二頁の表参照）。

源具統（羽州波岡）は、天文九年（一五四〇）六月二十五日に叙爵されて侍従に任じられた。また、源具運（羽州波岡）は、天文二十一年（一五五二）二月二十八日に叙爵されて式部少輔《しきぶのしょう》に任じられた。

戦国期の公家山科言継《やましなときつぐ》（一五〇七～七九）の日記『言継卿記《ときつぐきょうき》』によると、具運は、具永の孫である。叙爵順から、具統は具永の子にして具運の父であったと考えられている。

『言継卿記』における浪岡関係記事は、『浪岡町史』第二巻と『青森県史』資料編 中世3に注記付きで収録され、前者には口語解釈文も挙げられている。分量的には決して多くはないが、そこから様々な情報を得ることができる。

すなわち、浪岡氏の使者の名、昆布や煎海鼠《いりこ》が贈答品であったこと、叙任に要した代金等々であるが、『浪岡町史』第二巻によると、「最も注目されたのは、具永と具運が祖父と孫の系譜関係にあることを明記している点と、山科言継が浪岡家の叙爵任官のために奔走したさまを記している点」などである。

一次史料による浪岡氏（波岡家）に関する新出情報

浪岡氏（波岡家）に関する朝廷関係の一次史料は、近年に至るまで、『歴名土代』と『言継卿記』しか知られていなかった。

ところが、平成二十三年（二〇一一）以降、浪岡氏を含む在国公家領主に関する新出情報を記載した史料群が相次いで学界に紹介された。それは、『補略《ぶりゃく》』と総称される公家名簿である。戦国・織豊期の『補略』のうち、浪岡氏に関する情報があるのは、四点である。

・永禄《えいろく》六年（一五六三）の『補畧《ぶりゃく》』：従四位下：波岡　具永朝臣　前弾正大弼
　従五位上：波岡　国永　左少将
・元亀《げんき》二年（一五七一）の『堂上次《とうしょうし》第《だい》』：従五位下：波岡侍従具運
・元亀四年と天正四年（一五七六）の両『堂上次第』：従五位下：波岡侍従具運　羽州

ここから朝廷では、波岡具永が永禄六年（一五六三）時点で、波岡具運が天正四年（一五七六）時点で、それぞれ存命であると認識されていたことが判明する。

具永と具運の没年は、前述の「京徳寺過去帳」では、それぞれ、弘治《こうじ》元年（一五五五）五月二十四日、永禄五年（一五六二）正月五日であるとされており、『補略』の記載とは齟齬《そご》する。

もとより「京徳寺過去帳」の史料性には疑問があったが、浪岡氏の成員の没年に関する情報が他に見られないため、従来の通説的叙述は多くがそれに基づいていた。

しかし、『補略』によって、「京徳寺過去帳」とは矛盾する史料の記載が裏付けられたものがある。すなわち、熊野《くまの》山十二《さんじゅうに》所権現社《しょごんげんしゃ》の棟札銘《むなふだめい》である。

津軽における浪岡具永・具運の社寺再興

「棟札銘」とは、建築物の棟上げの時に、建築工事の由緒・年月・建築者名・工匠名などを記した棟札に記された銘文である。

外浜油川《あぶらかわ》村（青森県青森市油川）の熊野山十二所権現社の棟札銘には、永禄二年（一五五九）に波岡具永が同社を再興したと記されている。「京徳寺過去帳」によると、その時点で具永は死去していたことになるが、『補略』の記載から、永禄二年に具永が存命であったことが確認され、棟札銘の史料性が裏付けられる。

なお、北浜今淵《いまべち》村（青森県東津軽郡今別《いまべつ》町）の八幡宮の棟札銘によると、永禄三年（一五六〇）、具永の孫の具運が同社を再興している。

ここから永禄年間（一五五八～七〇）において、浪岡氏が、現在の青森県青森市から津軽半島の北部に至る地域の寺社の修築にかかわっていたことが知られる。浪岡氏の実効支配がこれらの地域にまで及んでいたとまで解釈する必要はないと思われるが、同氏の権威が及んでいたと理解することは可能であるように思われる。

「川原御所事件」と浪岡氏の衰退

北日本地域に君臨した浪岡氏の勢力は、永禄五年（一五六二）の「川原御所《かわはらごしょ》事件」で大きく衰退した。これは、浪岡御所が、弟とされる川原御所に殺害されたという事件である。

この事件については、その原因等、いろいろと論じられているが、史料上の限界により、詳細は未詳であると言わざるを得ない。

殺害された「御所様」は、通説では「京徳寺過去帳」に基づき、浪岡具運に比定されている。しかし、『補略』によると、具運は天正四年（一五七六）においても存命とされている。京都と陸奥との間に距離の遠隔があるにせよ、事件発生から十年以上経《た》った後も、具運が殺害されたという情報が京都に伝わっていなかったとは、さすがに考えがたい。

そのため、「川原御所事件」で殺害された「御所様」は、永禄六年（一五六三）の『補略』に記載がない波岡具統である可能性が高いと思われる。

ともあれ、「京徳寺過去帳」に基づいた従前の人名比定を再検討する必要があることは、ここに明らかであろう。また、これに伴い、江戸時代に編纂された二次史料についても、あらためて吟味が求められよう。

『補略』の記載に関する諸問題

このように貴重な情報が含まれる『補略』であるが、記載の誤りがないわけではない。

永禄六年の『補略』に見える波岡国永《くになが》は、歌人として有名な伊勢《いせ》北畠一門の小原《おはら》国永である。波岡具永の名と類似している国永が、波岡家の人と誤認された可能性が高い。

もっとも、奥州北畠家の一員が、伊勢国小原（三重県松阪《まつさか》市嬉野《うれしの》）に所領を得て名字の地とした、という解釈も成り立ち得るかも知れない。その場合、小原家は浪岡氏（波岡家）の支流ということになる。

無論、可能性が高いとは到底考えられないが、関係史料が僅少《きんしょう》である浪岡氏の出自を考える上で、一つの参考意見として提示しておきたい。

なお、上述の元亀二・四年・天正四年（一五七一、七三、七六）の各『堂上次第』（『補略』）において、伊勢北畠一門は、すべて「北畠」と記載されている。例えば、「北畠中将具忠朝臣／伊勢玉丸」「北畠少将教賢／藤方」とあるがごとくである。

しかし、波岡具運に対しては「北畠」の家名は冠せられていない。ここから、朝廷において波岡家は、伊勢の北畠一門とは別扱いされていたことが知られる。

浪岡御所の一族・親類

伊勢の北畠一門には多くの分家（庶子）が存在していたが、浪岡氏の場合はいかがであったろうか。

浪岡氏の後裔である三春秋田家のもとに伝えられた『天文十八年記』は、「後世に書き加えられ潤色された部分を含む写本であって、同時代史料と同じ扱いはできない」が、「近世以降に新たに偽作したと見るにはそぐわない天文年間の情勢を生々しく刻みこんでいる記録」であるという（『浪岡町史』二）。

これによると、浪岡御所の親類は七名で、具体的には「岩倉殿（中ノ御所）、北ノ御所（千君公）、西ノ御所（兵ノ正）、小御所（中書）、宰相公（唐名源相）、強清水殿（右少丞）」の六名（いずれも系譜は未詳）が挙げられている。これに川原御所を加えると七名になる。

このうち、中ノ御所、北ノ御所、西ノ御所、小御所の呼称は、浪岡城を構成する八つの曲輪《くるわ》、通称、内館《うちだて》・北館《きただて》・西館《にしだて》・猿楽館《さるがくだて》・東館《ひがしだて》・検校館《けんぎょうだて》・新館《しんだて》・外郭（無名《むみょう》の館）のいずれかに対応し、浪岡御所が親類衆を浪岡城内の各曲輪に居住させていた、と推測されている。しかし、実態の解明は、浪岡城の発掘調査の進展を待つよりほかない。

『天文十八年記』に記載されている「強清水殿《こわしみず》」は、浪岡城東方の強清水の地に由来すると考えられている。川原御所は、浪岡城の南西、浪岡川の対岸部に「川原御所之址」の碑が建てられているが、それよりも西側に所在した可能性が高い（『浪岡町史』二）。

川原御所は、北畠顕信の子の守親《もりちか》と、その子親能の居館であったが、断絶後、浪岡御所（通説では具統）の弟（通説では具信《とものぶ》）が再興したとされる。

守親・親能父子の浪岡居住は史料的に裏付けることが困難であるが、前述のように、浪岡御所の弟とされる川原御所は、反乱を起こしたことで有名である。

また、浪岡氏の一族としては、陸奥国閉伊《へい》郡袰綿《ほろわた》（岩手県下閉伊《しもへい》郡岩泉《いわいずみ》町袰綿）に拠った「袰綿御所」の存在が知られている。

浪岡氏関係の同時代史料で、「進上　浪岡殿　人々御中」という宛書の、西町屋石橋家旧蔵資料「信家書状」（上述）に見える「保呂綿」は、この袰綿御所に比定されている。

浪岡氏の分家の家格

波岡家（浪岡氏）以外の戦国期在国公家領主の諸家においては、本家のみならず分家（庶子）の成員も、朝廷から叙任されて堂上公家の家格を認められていた。一方、波岡家については、分家の人々が朝廷から叙任されたという事実は、現時点では知られていない。しかし、これは、浪岡家の本家（浪岡御所）が分家を圧倒する絶大な権力を振るっていたことを意味するものとは考えがたい。

というのは、浪岡城が「城郭研究者から言わせると、中心施設が不鮮明で求心的構造を有せず」「おのおの平場（居住空間）が並立した構成を呈する。つまり、城主権力が相対的に弱く、同族・家臣が相独立しながら連立する社会構造を反映した城館と位置づけることができ、この場合、社会的構成員の序列はピラミッド型の構成というよりは、ブロック型の構成を示すとみられ、明確な階層性を有していない可能性が高い」（『浪岡町史』二）と分析されているからである。

上述の川原御所の反乱（川原御所事件）は、あるいは同族連合に近い浪岡氏において、朝廷から叙任された本家の浪岡御所が分家に対して権力を振るおうとしたことに対する反発も、起因の一つであったのかも知れない。

浪岡御所の滅亡と津軽氏・安藤(秋田)氏

さて、「川原御所事件」で弱体化した浪岡御所は、天正六年（一五七八）七月、大浦《おおうら》（津軽）為信《ためのぶ》の姦計《かんけい》によって浪岡城を落とされた。捕らえられた御所は切腹させられ、北日本地域に君臨した浪岡氏は滅亡した。

津軽氏側の文献では、浪岡御所は、「比丘尼《びくに》同前」（『東日流記《つがるき》』）、「武道を取り失う生公家《なまくげ》などの如き」（『愚耳《ぐじ》旧聴記《きゅうちょうき》』）、「元来儒弱《だじゃく》の将」（『津軽一統志』）と散々に評されている。

もっとも、浪岡氏が北方世界における象徴的な存在であったとすれば、この評価は一面において当たっていると言えなくもない。

浪岡御所滅亡後の天正八年（一五八〇）八月十三日、織田信長の強い要望のもと、安藤（秋田）愛季《ちかすえ》が侍従に任じられ、当時の東北地方の武将として唯一「公家成り」を果たした。これは、十分な権力を所持していない浪岡御所の再興を信長が認めず、地域を実効支配する実力を有していた安藤氏を、浪岡御所の実質的な後継者と位置づけたことにほかならない。

最北の堂上公家波岡家（浪岡氏）は、「室町的秩序に依拠する家柄の否定と再編という信長施策の一環」（『浪岡町史』二）のもとで引導を渡され、歴史の表舞台から退場したのであった。

滅亡後に四散した一族

浪岡御所の滅亡後、その一族は四散した。安藤（秋田）愛季のもとに逃れた北畠（岩倉）右《う》近慶好《こんよしたか》は、秋田氏に仕えて活躍し、「秋田」の名字を与えられ、名を季慶《すえよし》と改めた。季慶の子の代、一時的に秋田家中を離れたことはあったが、帰参し、子孫は三春藩主秋田氏の家老職を代々務めた。この北畠系秋田氏のもとでは、浪岡氏に関する文献が編纂された。分家の多くは「浪岡」の家名を名乗り、本家も明治時代、浪岡姓に復している。

ほかにも、浪岡氏の後裔を称する家は、南部氏に仕えた浪岡氏、津軽氏に仕えた津軽郡舘《たて》之《の》越《こし》（舘野越）村（青森県北津軽郡板柳《いたやなぎ》町）の山崎氏、強清水家の後裔とされる森宗《もりむね》氏、川原御所の後裔とされる水木氏、その他が知られる。

そのうち、最後の浪岡御所の従兄弟、北畠左《さ》近顕忠《こんあきただ》の子孫とされる山崎氏のもとでは、『北畠永禄日記』が編纂されている。

浪岡氏の経済活動と文化生活

浪岡氏の城館、浪岡城の発掘調査によって、同氏の経済活動と文化生活の様態が、部分的にではあるが具体的に知られるようになった。

出土した陶磁器類には、中国製磁器では浙江《せっこう》省の龍泉窯《りゅうせんよう》と福建《ふっけん》省の同安窯《どうあんよう》の青磁、江西省の景徳鎮窯《けいとくちんよう》の青白磁・白磁、景徳鎮窯と福建省の漳州窯《しょうしゅうよう》の染付（青花）・赤絵、中国製陶器では鉄釉《てつゆう》・褐釉《かつゆう》、朝鮮製の青磁・陶器、国産品では瀬戸美濃《せと・みの》・珠洲《すず》・越前《えちぜん》・備前《びぜん》・信楽《しがらき》・常《とこ》滑《なめ》等の焼き物がある。

　これら各種の陶磁器は、海上交通によって、日本各地のみならず、中国や朝鮮半島からも、もたらされた。

　金属器の出土遺物には、様々な道具類、馬具、武器・武具、仏具その他がある。石製の出土遺物には、硯《すずり》、砥石《といし》、温石《おんじゃく》（懐炉のように使用する）、石臼《いしうす》・石鉢、火打石などがあるが、注目されるのは白質凝灰岩製の人形である。顔部と胴体部から成り、頭髪が背中に垂れ、胸元で手を合掌させ、女性の象徴が刻まれている。稚拙《ちせつ》な造りであるが、その顔からは一度見ると二度と忘れられない強烈な印象を受ける。いかなる用途の遺物であろうか。

　さて、出土遺物には、茶会に用いられたと考えられる火鉢、風炉《ふろ》、天目茶碗《てんもくぢゃわん》、茶入《ちゃいれ》もある。それらから、奥州北部の浪岡城で風流に茶会が行われていたことが知られる。

　また、鋳造関連遺物としては、鋳型・坩堝《るつぼ》・羽口《はぐち》、銅滓《どうさい》・鉄滓があり、浪岡城内で銅製品の鋳造や鉄製品の鍛冶鍛錬が行われていたことを確認することができる。なお、出土した鋳型の中には、アイヌの人々が特徴的に使用する鐔《つば》の鋳型があることから、浪岡城では、アイヌ向け交易品の鐔が製作されていた可能性が高い。

さらに出土遺物には、骨角器や、アイヌ的祭祀《さいし》文物と想定される木製中柄《なかえ》が含まれており、浪岡城内には、アイヌの人々も居住していたと考えられている。

このように、浪岡城の発掘調査からは、様々な事実が判明し推定がなされている。さらなる調査の進展により、「最北の堂上公家」に関する、より多くの新事実が明らかにされることであろう。

〔主要参考文献〕

葛西善一『浪岡町史』(青森県市町村史37)(津軽書房、一九八六年)
『浪岡町史』第二巻 中世Ⅱ 浪岡城と北畠氏特集(浪岡町、二〇〇四年)
『青森県史』資料編 中世2/3 (青森県/青森県史友の会、二〇〇五年/二〇一二年)
赤坂恒明「永禄六年の『補略』について」(『埼玉学園大学紀要』人間学部篇 第十一号、二〇一一年)
赤坂恒明「天正四年の『堂上次第』について」(『十六世紀史論叢』第二号、二〇一三年)

あとがき

本書は、日本史史料研究会が一般読者を対象にした企画である。本会は日本史学の研究団体で、研究発表会や研究書の刊行を行っている。こうした活動成果を一般の皆さんにどう発信するか、というのは、本会が抱える課題である。それは、研究成果の社会的還元がなければ社会的理解が得られないと本会の研究活動をとおして思うからである。

いろいろと試行錯誤しているなかで、本会研究員の渡邊大門氏の企画で、洋泉社から昨年十月に『信長研究の最前線』、本年八月に『秀吉研究の最前線』を刊行し好評を得た。洋泉社編集部の藤原清貴氏が本会の活動に賛同していただいた結果である。したがって、本書は洋泉社から刊行する三冊目ということになる。今回は神田裕理氏の企画・編集で、氏の人選により同氏を含む十三名の研究者仲間に執筆していただいた。また、前回同様に洋泉社の藤原氏にご尽力いただいた。ご協力いただいた皆さんには、心からお礼申しあげたい。最後に、読者の皆さんの忌憚《きたん》のないご批判と一層のご教示を賜ることができれば幸いである。

二〇一五年十一月

日本史史料研究会代表　生駒哲郎

新装版あとがき

本書は、洋泉社の歴史新書yとして二〇一五年に刊行されたものの新装版である。当時は、戦国時代の朝廷関係を扱った新書はほぼなかったので、神田裕理氏から提出された企画書をもとに洋泉社にお願いして刊行が実現した。

本会は洋泉社から『信長研究の最前線』や『秀吉研究の最前線』を刊行していたが、さすがに一般的にマイナーな公家中心で「～研究の最前線」はないだろうということで、「ここまでわかった」になったことを記憶している。

とはいえ、この本は類書が新書でなかったこともあり、すぐに品切れとなり、重版されることはなかった。その後、本会は、『南朝研究の最前線』など『～研究の最前線』と名づけられた新書を合計九冊刊行した。最近このシリーズの読者になった方々から、この企画の初期の段階に刊行した本書の復刊を希望する声が多く寄せられた。

したがって、いろいろと本会の企画を受け入れてもらっている文学通信にまたご無理を申し上げることになった。復刊をご承諾いただいた岡田圭介氏に感謝申し上げたい。

読者の皆さんには、忌憚のないご批判をいただければ幸いである。

二〇二〇年七月

日本史史料研究会　代表　生駒哲郎

【執筆者紹介】（執筆順）

渡邊大門　わたなべ・だいもん
一九六七年神奈川生まれ。佛教大学大学院文学研究科博士後期課程修了。博士（文学）。現在、（株）歴史と文化の研究所代表取締役。『戦国・織豊期赤松氏の権力構造』（岩田書院、二〇一四年）ほか

水野智之　みずの・ともゆき
一九六九年愛知生まれ。名古屋大学大学院文学研究科史学地理学専攻博士課程後期単位取得満期退学。博士(歴史学)。現在、中部大学人文学部教授。『名前と権力の中世史』（吉川弘文館、二〇一四年）ほか

神田裕理　かんだ・ゆり
経歴は二八五頁を参照

生駒哲郎　いこま・てつろう
一九六七年東京生まれ。立正大学大学院文学研究科史学専攻博士後期課程満期退学。現在、日本史史料研究会代表。「中・近世移行期における在地支配と地方寺院の展開」（阿部猛編『中世政治史の研究』日本史史料研究会、二〇一〇年）ほか

菅原正子　すがわら・まさこ
一九五九年東京生まれ。早稲田大学大学院文学研究科史学専攻博士後期課程修了。博士（文学）。現在、学習院女子大学等非常勤講師。『中世の武家と公家の「家」』（吉川弘文館、二〇〇七年）、『日本中世の学問と教育』（同成社、二〇一四年）ほか

後藤みち子　ごとう・みちこ
一九三五年東京生まれ。國學院大學文学部史学科卒。博士（歴史学）。元宮内庁書陵部勤務。『中世公家の家と女性』（吉川弘文館、二〇〇二年）、『戦国を生きた公家の妻たち』（吉川弘文館・歴史文化ライブラリー、二〇〇九年）ほか

木下昌規　きのした・まさき
一九七八年東京生まれ。大正大学大学院文学研究科博士後期課程満期取得退学。博士(文学)。現在、

大正大学文学部准教授。『戦国期足利将軍家の権力構造』（岩田書院、二〇一四年）、『足利義輝』（編著、戎光祥出版、二〇一八年）ほか

遠藤珠紀　えんどう・たまき
一九七七年愛知生まれ。東京大学大学院人文社会系研究科博士課程単位取得退学。博士（文学）。現在、東京大学史料編纂所准教授。『中世朝廷の官司制度』（吉川弘文館、二〇一一年）ほか

久保貴子　くぼ・たかこ
一九六〇年岡山生まれ。早稲田大学大学院文学研究科史学専攻博士後期課程満期退学。博士（文学）。現在、早稲田大学・昭和女子大学非常勤講師。『近世の朝廷運営』（岩田書院、一九九八年）、『後水尾天皇』（ミネルヴァ書房・二〇〇八年）ほか

中脇　聖　なかわき・まこと
一九七二年東京生まれ。現在、日本史史料研究会研究員。「土佐一条房基の花押と動向について」（『土佐史談』第二六八号、二〇一八年）ほか

谷口研語　たにぐち・けんご
一九五〇年岐阜生まれ。法政大学大学院人文科学研究科日本史学専攻博士課程修了。元法政大学兼任講師。『明智光秀』（洋泉社、歴史新書y、二〇一四年）ほか

大薮　海　おおやぶ・うみ
一九八二年千葉生まれ。慶應義塾大学大学院文学研究科史学専攻（日本史学）後期博士課程単位取得退学。博士（史学）。現在、お茶の水女子大学准教授。『室町幕府と地域権力』（吉川弘文館、二〇一三年）ほか

赤坂恒明　あかさか・つねあき
一九六八年千葉生まれ。早稲田大学大学院文学研究科博士後期課程退学。現在、内蒙古大学蒙古歴史学系特聘研究員（教授）。『「王」と呼ばれた皇族　古代・中世皇統の末流』（日本史史料研究会監修。吉川弘文館、二〇二〇年）ほか

【編者紹介】

神田裕理　かんだ・ゆり
一九七〇年東京生まれ。日本女子大学大学院文学研究科史学専攻博士課程後期満期退学。元京都造形芸術大学非常勤講師。主な著書に、『戦国・織豊期の朝廷と公家社会』（校倉書房、二〇一一年）、『戦国・織豊期朝廷の政務運営と公武関係』（日本史史料研究会、二〇一五年）、『朝廷の戦国時代—武家と公家の駆け引き—』（吉川弘文館、二〇一九年）、編著に『伝奏と呼ばれた人々—公武交渉人の七百年史—』（ミネルヴァ書房、二〇一七年）などがある。

[日本史史料研究会の案内]

当会は歴史史料を調査・研究し、その成果の公開を目的に設立されました。その目的を達成するため、①研究会の開催、②専門書の刊行、③史料集の刊行を主な事業として取り組んでおります。また、最近では一般の皆様を対象として歴史講座などを開講し、同時に最新の研究成果を伝えるべく、一般書の刊行にも取り組んでいます。歴史講座の参加資格はとくになく、歴史の好きな方なら、どなたでも参加することができます。

当会で刊行している書籍や歴史講座の詳細につきましては、ホームページからご確認いただけますと幸いです。詳細は、左記までお問い合わせください。

代表　生駒　哲郎

住所　〒一七七—〇〇四一　東京都練馬区石神井町五—四—一六
　　日本史史料研究会石神井公園研究センター

電話番号　〇九〇—三八〇八—一二六〇

ＨＰ　http://www13.plala.or.jp/t-ikoma/index.html

メール　nihonshi-shiryou@zpost.plala.or.jp

ここまでわかった
戦国時代の天皇と公家衆たち
天皇制度は存亡の危機だったのか？新装版

日本史史料研究会ブックス 004

2020（令和 2）年 8 月 30 日　第 1 版第 1 刷発行

ISBN978-4-909658-33-3 C0221 ¥1350E

監　修　日本史史料研究会（にほんし しりょう けんきゅうかい）

2007年、歴史史料を調査・研究し、その成果を公開する目的で設立。主な事業としては、①定期的な研究会の開催、②専門書籍の刊行、③史料集の刊行を行なっている。最近では、一般の方々を対象に歴史講座を開講し、同時に最新の成果を伝えるべく、一般書の刊行も行なっている。会事務所は、東京都練馬区石神井 5-4-16　日本史史料研究会石神井公園研究センター。主な一般向けの編著に『信長研究の最前線』『秀吉研究の最前線』（洋泉社・歴史新書y）、監修に『日本史を学ぶための古文書・古記録訓読法』（苅米一志著・吉川弘文館）、『戦国期足利将軍研究の最前線』（山田康弘編・山川出版社）、『関ヶ原大乱、本当の勝者』（白峰旬編・朝日新書）がある。

編　者　神田裕理（かんだ・ゆり）

経歴は 285 頁参照

発行所　株式会社 文学通信

〒 170-0002　東京都豊島区巣鴨 1-35-6-201
電話 03-5939-9027 Fax 03-5939-9094
メール info@bungaku-report.com ウェブ https://bungaku-report.com

発行人　岡田圭介

編　集　日本史史料研究会
〒 177-0041 東京都練馬区石神井町 5-4-16
日本史史料研究会石神井公園研究センター

装　丁　岡田圭介

印刷・製本　モリモト印刷

※乱丁・落丁本はお取り替えいたしますので、ご一報下さい。書影は自由にお使い下さい。